Simone Finkele / Burkhardt Krause (Hrsg.)

Glück – Zufall – Vorsehung

Vortragsreihe der Abteilung Mediävistik des Instituts für Literaturwissenschaft
im Sommersemester 2008

Glück – Zufall – Vorsehung

Vortragsreihe der Abteilung Mediävistik
des Instituts für Literaturwissenschaft
im Sommersemester 2008

Simone Finkele / Burkhardt Krause
(Hrsg.)

 Scientific Publishing

Plakatgestaltung im Innenteil: Janinna Gaidell, Karlsruhe

Impressum

Karlsruher Institut für Technologie (KIT)
KIT Scientific Publishing
Straße am Forum 2
D-76131 Karlsruhe
www.ksp.kit.edu

KIT – Universität des Landes Baden-Württemberg und nationales
Forschungszentrum in der Helmholtz-Gemeinschaft

KIT Scientific Publishing 2010
Print on Demand

ISBN 978-3-86644-575-8

Vorwort

Im Sommersemester 2008 veranstaltete die Abteilung Mediävistik des Instituts für Literaturwissenschaft der Universität Karlsruhe (TH) eine Vortragsreihe zum Thema *Glück – Zufall – Vorsehung* im Gartensaal des Badischen Landesmuseums. Im Rahmen der zwischen der Fakultät für Geistes- und Sozialwissenschaften und dem Badischen Landesmuseum seit 2001 bestehenden Kooperation begleitete sie die gleichzeitig stattfindende Ausstellung des BLM *Volles Risiko* im Sommer 2008.

Der nun hier vorgelegte Band enthält sechs der gehaltenen Vorträge. Zwei weitere, „Räuber, Seestürme, Riesen. Gesichter des Zufalls im mittelalterlichen Roman?" der Mediävistin Prof. Dr. Uta Störmer-Caysa (Universität Mainz) und „Lotto, Roulette & Co. Zahlt sich Geschick aus?" des Mathematikers Prof. Dr. Norbert Henze (Universität Karlsruhe), sind leider nicht mit enthalten.

Die Beiträge kommen vornehmlich aus den Forschungsbereichen der Älteren und der Neueren Literaturwissenschaft (Mathias Herweg, Frank Meier; Simone Finkele, Andreas Böhn), derjenige Christoph Daxelmüllers behandelt das Thema aus der sehr anregenden Perspektive der Europäischen Ethnologie, während der einleitende Aufsatz von Burkhardt Krause eine ‚Einführung' in ein von ‚Einführungen' kaum auch nur in seinen wichtigsten Konturen zu skizzierendes Thema ist.

Die Veranstalter der Vorlesungsreihe und Herausgeber dieses Büchleins danken der Fakultät für Geistes- und Sozialwissenschaften unter dem Dekanat von Prof. Dr. Uwe Japp sowie dem Direktor des BLM, Herrn Prof. Dr. Harald Siebenmorgen, für ihre freundliche wie generöse Unterstützung, ebenso der Karlsruher Universitätsgesellschaft für die großzügige Übernahme der Druckkosten. Sie danken auch Frau Daniela Orth und Frau Claudia Pinkas für ihre Mühen mit dem Typoskript.

Karlsruhe,
im Mai 2010

Simone Finkele, Burkhardt Krause
KIT

Inhaltsverzeichnis

Glück – Zufall – Vorsehung

GLÜCK
ZUFALL
VORSEHUNG

ngvorlesesung der Abtg. Mediävistik am Inst. für Lit. Wiss. in Zusammenarbeit mit dem Badischen Landesmuseum
e Vorträge finden dienstags um 17.30 Uhr im Gartensaal des Schlosses statt.

20. 5. 2008
Prof. Dr. Burkhardt Krause (Universität Karlsruhe):
„Ein rasend-freches Weib": Geschichten von der Göttin mit dem Rad.

27.5.2008
Prof. Dr. Frank Meier (PH Karlsruhe):
Der Teufel schuf das Würfelspiel... Brett- und Glücksspiele im Mittelalter

03.06.2008
Prof. Dr. Uta Störmer-Caysa (Universität Mainz):
Räuber, Seestürme, Riesen. Gesichter des Zufalls im mittelalterlichen Roman?

10.06. 2008
PD Dr. Mathias Herweg (Universität Karlsruhe):
sti Geburt als Glücksspiel? Eine mittelalterliche Reise zum Magnetberg und ihre heilsgeschichtliche Brisanz."

17. 6. 2008
Prof. Dr. Christoph Daxelmüller (Universität Würzburg):
Schädel, Lotterien und die Macht des Jenseits – Glücksspiele jenseits der Normalität

24.6.2008
Simone Finkele, MA (Universität Karlsruhe):
ngt die Hand der Götter den Fluss zum Überlaufen?" Göttliche Zeichen in Brechts *Die Trophäen des Lukullus*.

1. 7. 2008
Prof. Dr. Norbert Henze (Universität Karlsruhe):
Lotto, Roulette & Co. - zahlt sich Geschick aus?

8. 7. 2008
Prof. Dr. Andreas Böhn (Universität Karlsruhe):
Spiel, Planung und Zufall in Georges Perecs *La vie mode d'emploi / Das Leben Gebrauchsanweisung* (1978)

Universität Karlsruhe (TH)
Forschungsuniversität · gegründet 1825

„Ein rasend-freches Weib"

Geschichten von der Göttin mit dem Rad

Burkhardt Krause (Karlsruhe)

„Es ist der Lauff der Welt,
Diß fällt und jenes steigt,
diß steigt und jenes fällt."
(M. Opitz, *Trostgedicht*)

„Die Welt des Glücklichen ist eine andere
als die des Unglücklichen."
(L. Wittgenstein, *Tractatus logico-philosophicus*, 6.43)

I.

Die nur auf den ersten Blick uncharmante Bemerkung über die Göttin Fortuna, sie sei „ein rasend-freches Weib", „nakkend / wild / und blind", steht in einem Gedicht des Barocklyrikers Jesaias Rompler von Löwenhalt (1605 bis nach 1672). Sie leitet mitten hinein in das mit der Frage nach dem ‚Wesen' und Walten des Glücks (*eutychia*) bzw. der Glückseligkeit (*eudaimonia*)[1] aufs engste verbundene Grundthema: Wie es bestellt

---

1   Eudämonie (*eudaimonia*) ist schwierig zu übersetzen. Es kann mit ‚Glückseligkeit' oder mit ‚gutem Leben' (eigentlich: ‚in der Huld der Götter stehen') übertragen werden, womit im Deutschen das im Griechischen semantisch Eigentümliche nur eher ungenau getroffen wird. Grundsätzlich gilt, dass ‚Glück' im Deutschen wie in anderen Sprachen eine zumindest doppelte Bedeutung trägt: Einmal das jemandem ‚zufällig' (ohne erkennbare *Notwendigkeit*) zukommende, einmal das dauerhafte, auf das ganze Leben bzw. die gelingende, ‚gute' Lebensführung bezogene Glück (wofür die Griechen eben das Wort *eudaimonia* gegenüber *eutychia* kannten. Im Französischen steht *bonheur* gegen *bonne chance*; im Englischen *happiness* gegen *luck* oder auch *joy* usw.). Für das Mittelalter vgl. Willy Sanders, *Glück: Zur Herkunft und Bedeutungsentwicklung eines mittelalterlichen Schicksalbegriffs*, Köln/Graz 1963; ders., *„Sal es gelücke walden!"* in: Helmut Rücker u. Kurt Otto Seidel, Hrsg., *Sagen mit sinne*. Festschrift für Marie-Luise Dittrich, Göppingen 1976, S. 39–49. Vgl. a. Alfred Doren, *Fortuna im Mittelalter und in der Renaissance*, in:

ist um dieses unzweifelhaft hohe Gut, über das Aristoteles, der mit großer intellektueller Gründlichkeit und Intensität über das Glück nachgedacht und geschrieben hat, sagte, es sei schlechthin das Letztziel *jeden* menschlichen Lebens und demnach für jeden Einzelnen auch erstrebenswert: Ja, alle Menschen wünschen sogar gemäß ihrer *Natur*, glücklich zu sein, heißt es bei ihm.[2] Ähnlich liest es sich beim römischen stoischen Philosophen Lucius Aennaeus Seneca gleich zu Beginn seiner ‚Verteidigungsschrift‘ *De vita beata*: „Vivere […] omnes beate volunt".[3] *Beatos nos esse volumus*: „Wir alle wollen glücklich sein!" befindet genauso der wirkungsmächtige spätantike Kirchenvater Aurelius Augustinus als Lebensziel in seiner kleineren frühen Schrift *De beata vita* (*Über das Glück*) aus dem Jahr 386 und in *De trinitate* (XIII,4,7).

In dieser Weise ließe sich geradezu beliebig fortfahren. Noch der englische Moralphilosoph Adam Smith erblickte in der Glückseligkeit des Menschen das „ursprüngliche Ziel" des Schöpfers, zu dessen Verwirklichung alle „Werke der Natur" geschaffen worden seien.[4] Gleichermaßen oder vergleichbar äußern sich ungezählte andere und schließen ihre keineswegs einheitlichen Reflexionen darüber an, was (das) Glück *ist*, wessen es bedarf, es zu erwerben, was zu tun (oder zu lassen) ist, es, (womöglich) auf Dauer, auf einen festen Grund zu stellen. Auch die nur scheinbar abwegige, vom athenischen Weisen Solon, ähnlich auch von Ovid oder Laktanz, desgleichen von Augustinus gestellte (paradoxe) Frage, ob nicht erst im Moment des Todes erfahrbar sein könne, ob ein Leben ein glückliches, gelungenes war, gehört mit zu den Ungewissheiten, die das Glück als Thema wie als Existential in sich schließt. Wie bedeutend, dauerhaft-zeitlos dieses elementare Lebensziel ist bzw. als solches behauptet wird, erweist sich nicht zuletzt – in einem dezidiert politischen Verständnis – darin, dass die allgemeine Erklärung der Menschenrechte von 1793 sowie die amerikanische *Declara-*

Fritz Saxl, Hg., *Vorträge der Bibliothek Warburg*, Bd. 2, 1.T., Nendeln 1967 (zuerst Leipzig 1922/23), S. 71–145.

2 Aufschlussreich ist, dass Aristoteles im ersten Satz der *Metaphysik* ähnlich wie in Bezug auf das Glück über das Wissenwollen schreibt: „Πάντες ἄνθρωποι τοῦ εἰδέναι ὀρέγονται φύσει", dass alle Menschen „von Natur" aus „nach Wissen streben." *Metaphysik* I 21, 980a. Damit wird angezeigt, dass beide Ziele miteinander verknüpft sind.

3 Zur stoischen Ethik vgl. ausführlich Maximilian Forschner, *Die stoische Ethik*, Stuttgart 1981.

4 Adam Smith, *Theorie der ethischen Gefühle. Nach d. Ausg. letzter Hand üs. u. m. Einl., Anm. u. Reg. hrsg. v. W. Eckstein*, Hamburg 2004, S. 250f. Bedeutsam ist in diesem Zusammenhang auch Smiths *Wohlstand der Nationen* von 1776.

tion of Independence aus dem Jahr 1776 als Endzweck und eigentliche Erfüllung des *gesellschaftlichen* Lebens überhaupt („le but de la société") das Glück („le bonheur commun") bzw. „the pursuit of happiness" ansehen.[5]

II.

Seit sich der oft als ‚dunkel' apostrophierte vorsokratische Philosoph Heraklit aus Ephesos, und er wohl kaum als Erster, zum Glück so knapp wie vernehmlich spöttisch, dennoch dezidiert in eine bestimmte Richtung, was er darunter verstanden wissen will, geäußert hat: „Bestände das Glück in körperlichen Lustgefühlen, müsste man die Ochsen glücklich nennen, wenn sie Erbsen zu fressen finden",[6] bis heute ließe sich mit vielfältigen Beispielen und ausladenden Dokumenten, solchen der Philosophie, der Theologie, der Literatur und allerlei gegenwärtigen, von einer atemlosen Ratschlagkultur angepriesenen Anleitungen zum Glücklichsein (nicht selten zur *wellness*, neuerdings zum ‚Hirn*doping*' durch den Verzehr bunter Pillen niedertrivialisiert)[7] fortfahren – und endlich feststellen, dass ‚Glück' zu haben, besser noch: ‚glücklich zu *sein*' oder: ein ‚glückliches Leben' führen zu wollen, dies zumindest anzustreben, *ein*, wenn nicht schlechthin *der* Hauptwunsch aller Menschen ist.

Mögen in dieser hoch anspruchsvollen Orientierung von Lebenszielen jedenfalls viele weithin übereinkommen, gehen die Vorstellungen darüber ersichtlich auseinander, auf welchen Wegen, mit welchen Mitteln, Aktivitäten oder gar aufgrund welcher je individuellen Befähigungen ‚Glück' zu erreichen wäre, ob dies durch diszipliniertes *Lernen*, dauerhafte *Übung*, *Mühe* und *Tüchtigkeit* (*studio ac deliberatione*) möglich, also als eine spezifische Weise der Lebensführung aufzufassen sei – und vor allem, nochmals: *was* das genauerhin und in gültig-überzeitlicher Weise ist, das ‚Glück',

---

5 Es ist ebenfalls zu sehen, dass viele, etwa Philosophen wie z. B. Thomas Hobbes, grundsätzlich in Frage stellten, dass es ein solches *summum bonum* gibt Auch Nietzsche hat sich in dieser Hinsicht skeptisch gezeigt, ebenso Schopenhauer.

6 *Die Fragmente der Vorsokratiker. Griechisch und Deutsch von Hermann Diels*, hg. v. Walther Kranz, Bd. 1, mit e. Nachtrag v. W. Kranz, 6. Aufl. Hildesheim 1951, S. 78.

7 Vgl. aus soziologischer Sicht allgemein u. a. Gerhard Schulze, *Die Erlebnisgesellschaft. Kultursoziologie der Gegenwart*, 8. Aufl. Frankfurt a. M. 2000.

mehr noch die Glückseligkeit.[8] Sie sind, deutlich in der Moderne zu beobachten und philosophisch argumentativ grundiert, v. a. seit der Aufklärung bzw. der markanten ,Epochenschwelle' um 1750, von höchst subjektiver, individueller, ja privater Art, sofern nicht die alten, ,klassischen' Glückskonzeptionen in ihrer Geltung prinzipiell in Frage gestellt wurden.[9] Zum Erfüllungsort des Glücks wird nahezu unbedingt das Individuum, der Einzelne (bzw. ,Vereinzelte'), eine der Antike wie der Vormoderne eher ferner liegende, wenn nicht unvertraute Auffassung.[10] Waren die antiken und christlichen Denker in ihren Überzeugungen, dass ,Glück' als Konsequenz des ,guten Lebens' möglich und erreichbar sei bzw. das ,gute Leben' selbst als ein tugendhaft geführtes schon Glück *ist*, sicher und unbeirrbar – sie hatten dabei ein gemäß den (besten) Tugenden zu führendes bzw. ein im christlichen Glauben gründendes Leben im Blick –, erscheint seit Beginn der Moderne zunehmend unspezifischer, wenn man so will ,subjektiver', an welchen untrüglichen Anzeichen ,Glück' zu erkennen, wie zuverlässig man ,empfinden' oder gar ,wissen' kann, dass und wann man tatsächlich glücklich ist und, noch schwieriger, wie dieses Glück, hat man es denn oder glaubt es zu haben, beständig, als ,dauerhaftes Glück' zu schützen und zu bewahren wäre.

---

8   Immanuel Kant als einer der zahlreichen Glückskeptiker vermerkt aus einer nicht mehr an der Tugendethik orientierten Position, wie sie noch für die Antike selbstverständlich leitend war: „Der Begriff der Glückseligkeit (ist) ein so unbestimmter Begriff, dass, obgleich jeder Mensch zu dieser zu gelangen wünscht, er doch niemals bestimmt und mit sich selbst einstimmig sagen kann, was er eigentlich wünsche und wolle. Die Ursache davon ist: dass alle Elemente, die zum Begriff der Glückseligkeit gehören, insgesamt empirisch sind, d. i. aus der Erfahrung müssen entlehnt werden." Immanuel Kant, *Grundlegung zur Metaphysik der Sitten*, in: *Theorie-Werkausgabe* Bd. VII, Frankfurt a. M. 1964, S. 47. War in den antiken philosophischen Betrachtungen das ,Glück' (*eudaimonia*) als Lebens-, als Letztziel durch ,gute, tugendhafte Lebensführung' zu erlangen, wird es als philosophisches Thema von Kant gewissermaßen ausgeklammert.

9   Dies ist bereits in der Antike bei den Kyrenaikern der Fall, für die das Glück, wie Diogenes Laertios schreibt, eine Anhäufung der Lüste sei. Thomas Hobbes hat in der Erfüllung der ,Begierden' den menschlichen Antrieb zum Glück gesehen. Er vertrat damit eine geradezu hedonistische, jedenfalls utilitaristische Position. Ähnlich sah John Locke die Erfüllung eines Höchstmaßes an Vergnügen als Glück an. Hier rückt entschieden die menschliche ,Bedürfnisnatur' in den Blick.

10 Vgl. Christoph Horn, „Glück und Tugend", in: *Kolleg Praktische Philosophie* Bd. 2: *Grundpositionen und Anwendungsprobleme der Ethik*, hg. v. Volker Steenblock, Stuttgart 2008, S. 23–53.

Es erübrigt sich aus naheliegenden Gründen, auf die unzähligen Rezepturen für erfolgreiche Glückssuchen (und nicht selten ‚garantierten' Glückserfüllungen) eingehend zu sprechen zu kommen. Sie sind Legion – natürlich ändern sie sich auch. In der klassischen Überzeugung, dass Glück lehr- und lernbar sei, hat vor einiger Zeit als erste Schule in Deutschland das Hellpach-Gymnasium in Heidelberg ‚Glück' als Lehrfach eingeführt, das bemerkenswerterweise für das Abitur zählt.

Ungewissheit begleitet die Reflexionen, umspielt Reden und Schreiben über das ‚Glück' seit jeher, zumal hinsichtlich der Frage, *wer* es schenkt, *wer* es (die Götter, Gott, der unergründliche Zufall, die Fügung, die Providenz, das Schicksal) zukommen, es unerwartet aufscheinen, über einen – gleichsam geschwind wie ein „Blitz"[11] – kommen lässt und: *warum*, aufgrund welcher Leistungen oder besonderen Umstände. Seneca vermerkte, wie wir hörten, dass zwar alle Menschen aufgrund einer ihnen wesenhaft eignenden *cupiditas naturalis* glücklich sein wollen,[12] das Glücksstreben demnach anthropologisch fundiert ist, doch zu „*erkennen*, was es *ist*, *was* das Leben glücklich macht, fehlt der klare Blick."[13] Dem fügt er zweifelnd hinzu, dass das „glückliche Leben" nur mühsam zu erreichen ist, nicht zuletzt deswegen, weil, je nach den Lebensweisen und Lebensformen der Menschen, darunter Verschiedenes und Eigentümliches verstanden werden kann, eine Einsicht, die z. B. auch bei Sallust und vielen anderen nachzulesen ist. Es kann, wie Aristoteles im 1. Buch seiner *Nikomachischen Ethik* ausführt, der schiere sinnliche (‚epikureische') Genuss (*hedoné*, die *vita voluptuosa* bei Thomas von Aquin), weltliches Behagen an materiellem Besitz und Reichtum (Glücksgüter, *olbios*), die Lust an Annehmlichkeiten (der *bíos apolaustikós*) oder, einmal mehr nach Aristoteles, das Streben nach Ehre, der äußeren, gesellschaftlichen, politischen Anerkennung in den *poleis* sein (*bíos politikós*) oder schließlich und am höchsten zu schätzen, das Streben nach dem ‚guten Leben', welches in der

---

11 So in einem Gedicht des chinesischen Schriftstellers Haizi (Zha Haisheng).

12 Ähnlich wie Seneca wird Thomas von Aquin später in der *Summa theologiae* vom „desiderium naturale" sprechen.

13 L. Annaeus Seneca, *De vita beata. Über das glückliche Leben*, in: L. A. Seneca, *Philosophische Schriften* Bd. 2, üs., eingel. u. m. Anm. v. M. Rosenbach, Darmstadt 1999, S. 3. Vergleichbares sagt Aristoteles: „Im Namen stimmen wohl die meisten überein. Glückseligkeit (bzw. Glück) nennen es die Leute ebenso wie die Gebildeten, und sie setzen das Gut-Leben und das Sich-gut-Verhalten gleich mit dem Glückseligsein. Was aber die Glückseligkeit sei, darüber streiten sie." (Aristoteles, *Nikomachische Ethik*). Aristoteles, *Die Nikomachische Ethik*, üs. u. hg. v. Olof Gogon, München 1967.

Weisheit (*sophia*), d. h. im erkennenden, vernunftgeleiteten Betrachten (*theorein/ theoria*) der Welt, dem unwandelbar tugendhaft geführten, kontemplativen Leben liege[14] – wie es auch Platon sieht und generell die in platonischer und stoischer Tradition stehende Philosophie (wie etwa der Neoplatonismus). Glückseligkeit (Eudämonie) wäre dann als das vollkommene, umfassend *selbstgenügsame* Gut sowie als objektives Letztziel menschlichen Handelns anzusehen (*finis ultimus*), nicht lediglich als etwas bloß von Außen plötzlich kommendes Rasches, Episodisches, eilig Vorüberziehendes oder gar nur *zufällig* Eintretendes,[15] welches aller Notwendigkeit sowie Wohlbegründetheit, Glück jemandem aus *nachvollziehbaren Gründen* zukommt, entbehrt.[16] Aristoteles spricht in diesem Kontext auffälligerweise vom Glück in *diesem* (demnach im *irdischen*) Leben: „glückselig (selig) freilich als Menschen" („makarios d'anthrôpus"), was später Thomas von Aquins kritischen Kommentar bewirkte.[17]

---

14 Thomas von Aquin wird (wie Aristoteles) ebenfalls in der *vita contemplativa* diejenige Lebenshaltung sehen, die zum Glück zu führen vermag, ohne dass sie schon eine Garantie wäre. „Et ideo in activa vita, quae circa multa occupatur, est minus de ratione beatitudinis quam in vita contemplativa. quae versatur circa unum, idest circa veritatis contemplationem." *Summa Theologiae* I–II, q.3, a.4 ad 4.

15 Vgl. dazu Martin Seel, *Versuch über die Form des Glücks*, Frankfurt a. M. 1999.

16 Erkenntnistheoretisch lassen sich Ereignisse usw. unterscheiden, von denen man eine *unumstößliche* Erkenntnis haben kann; sodann solche, von denen das Wissen nur einen *Grad von Wahrscheinlichkeit* hat, schließlich diejenigen, über die eine Erkenntnis (etwa: dass sie eintreffen oder nicht eintreffen) *nicht möglich* ist. Letztere lassen sich unter der Kategorie des *Zufalls* subsumieren.

17 *Nikomachische Ethik* 1101a, S. 20f. Thomas von Aquin wird diesen Satz in seinem Kommentar der *Nikomachischen Ethik* (*Sententia libri Ethicorum*) so übersetzen: „beatos ut homines" und damit darauf aufmerksam machen, dass dem Menschen in seinem *irdischen* Leben (Glück als „bonum humanum" zu verstehen) nur ein *unvollkommenes* Glück zu erreichen gegeben ist (weil es eben auch Krankheit oder Armut und andere Beschwernisse mit einschließt). Damit weist er auf einen aus seiner christlich-theologischen Sicht elementaren Mangel der (‚heidnischen') aristotelischen Bestimmung des Glücks hin. Der Aquinate spricht mit Blick auf Aristoteles ausdrücklich von der „beatitudo imperfecta". Dessen Glückskonzeption könne lediglich eine *begrenzte Wahrheit und Geltung* für sich beanspruchen. Der theologischen Wahrheit ist sie freilich weit unterlegen. Für diese nämlich liegt die „ultima et perfecta beatitudo" allein in der „assimilatio Dei" (wie Thomas in der *Summa Theologiae* I–II, qu. 3,8 schreibt). Vgl. a. *Summa Theologiae* I–II, q. 3a.4 ad 4. Diese Glückserfüllung geschieht allerdings „per abundantiam".

Solche, mit genügsameren, bescheideneren Bedürfnissen und Wünschen, mögen schlicht die Abwesenheit von zu großem Leid, von Unheil und Nöten, mögen deren Nichterleidenmüssen als eine Form des Glücks empfinden.[18] Das lässt sich nahezu beliebig fortführen.

Die Frage nach dem Glück beschäftigt zumal das philosophische Denken, mit, wiederum: unterschiedlichen Antworten, bis in die Gegenwart.

In Anbetracht dieser offenbar prinzipiellen Vagheiten hinsichtlich einer verlässlichen, womöglich generell, für alle gültigen Bestimmung des Glücks, kann auch Johann Christoph Adelungs empirischer wortgeschichtlicher Befund in seinem *Versuch eines vollständigen grammatisch-kritischen Wörterbuchs der hochdeutschen Mundart II* nicht weiter verwundern, wenn er bezüglich des Lemmas ‚Glück' beinahe resignativ resümiert, es seien die „Bemühungen der Wortforscher [...] bei diesem Worte bisher nicht glücklich gewesen".[19] Daran hat sich anscheinend nichts wesentlich geändert, was in der schwierigen, abgründig, wenn nicht unbegreiflich scheinenden Sache selbst begründet liegt. Ein knapper Blick auf die stattliche Schar einiger näherer und fernerer sprachlicher (semantischer bzw. begrifflicher) Glücksverwandter wie z. B. *Zufriedenheit, Heil, Geschick, Schicksal, Erfolg, Zufall, Wohlbefinden, Freude*, im Mittelhochdeutschen *gelücke, saelde* oder auch *heil*, deren angemessene, ‚treffende' Übersetzung allerhand Schwierigkeiten nicht minder wie es bei *eudaimonia* der Fall ist, bereitet, oder ihre fremdsprachlichen Entsprechungen wie *fortuna, occasio, beatitudo; tyché, moira, kairós* und andere mehr, lässt die Angelegenheit zu erhellen wahrhaftig nicht einfacher erscheinen.[20]

(Vgl. *Summa Theoogiae*. I–II, 3,3, ad 3). Ausführlich: Wolfgang Janke, *Das Glück der Sterblichen. Eudämonie und Ethos, Liebe und Tod*, Darmstadt 2002.

18 Vgl. dazu M. Seel, *Versuch*, a. a. O., S. 54: „[...] die Gefahr, daß das Glück sich (wieder) versagen könnte, ist [...] wesentlich für das Glücklichsein selbst. Denn glücklich kann überhaupt nur sein, wer auch nicht glücklich und – als Steigerung des Nichtglücklichseins – unglücklich sein kann."

19 Vgl. Johann Christoph Adelung, *Versuch eines vollständigen grammatisch-kritischen Wörterbuches Der Hochdeutschen Mundart mit beständiger Vergleichung der übrigen Mundarten, besonders aber der oberdeutschen*, 1. Aufl. Leipzig 1775.

20 Bei Aristoteles finden sich weiterhin Begriffe wie *symbebekós, endekómenon, dynatón, automatón*.

III.

Betrachten wir mit wenigen Anmerkungen einige historische bzw. kulturhistorische Aspekte. In der Antike war Fortuna das Pendant zur griechisch-hellenischen Tyche (τύχη),[21] die an unzähligen Orten hoch verehrte göttliche Personifizierung des Glücks bzw. der *glücklichen Schickung*, eine „Göttin für viele", vor allem für das Volk (*Fortuna plebeia*), wie Plinius d. Ä. in seiner *Naturalis historia* bemerkt, ohne missbilligende Bemerkungen über einen verbreiteten ,falschen Götterdienst' zurückzuhalten.[22] Den ihr von Rompler von Löwenhalt zugeschriebenen abfälligen Charaktereigenschaften stand sie noch eher fern, was im Wesentlichen auch für ihre griechische Parallelfigur gilt.

Der Kult der Fortuna, in den sich im Laufe der Zeit mehrere verschiedenartige andere, fremde Einflüsse wie z. B. der ägyptische Isis-Kult hineineinmischten, geht wahrscheinlich in das 5. vorchristliche Jahrhundert zurück.

Für das antike Rom sind archäologisch wenigstens dreißig Fortunaheiligtümer belegbar.[23] Diese große Zahl an Kultstätten ist ein deutlicher Reflex auf die im Laufe der Zeit beobachtbare erhebliche Zunahme von sehr unterschiedlichen Erwartungen an Fortuna und ihr zugedachten ,Sonderzuständigkeiten' (über die Plinius d. Ä. berichtet) für zahlreiche, teilweise höchst belanglos, wenn nicht gelegentlich seltsam anmutende Lebensbereiche oder spezielle ,Sonderglücke', sei es als *Fortuna mulieribus*, *Fortuna publica*, *Fortuna equestris*, als *Fortuna belli*, *Fortuna balnearis*, *Fortuna huiusque diei*, *Fortuna virilis*, *Fortuna redux*, *Fortuna amoris* usf.[24] Viele Familien schufen

---

21 Tyche war eine Tochter des Zeus Eleutherios. Sie wurde oft mit der geflügelten Göttin Nemesis (Göttin des gerechten Zorns) abgebildet, die gleichsam die *dunkle*, strafende Seite Tyches verkörperte bzw. so wahrgenommen werden konnte. Gelegentlich wird sie mit einem Fuß auf einem Rad stehend oder eines in der Hand haltend dargestellt.

22 C. Plinius Secundus d. Ä., *Naturkunde: Kosmologie*, in: Plinius, *Naturkunde*, hg. u. übers. v. Gerhard Winkler u. Roderich König, Darmstadt 2008, Bd. 1, 2,22, S. 54 f.

23 Besonderes Ansehen genoss der monumentale Tempel der *Fortuna Primigenia* von Praeneste. Vgl. dazu Jörg Martin Merz, *Das Heiligtum der Fortuna in Palestrina und die Architektur der Neuzeit*, München 2001.

24 Kaiser Trajan, von dem römische Denare mit seinem Abbild und dem Abbild Fortunas geprägt wurden, hat sich an den vielen der Fortuna gegebenen Beinamen gestört und deshalb einen Tempel für die *Fortuna omnium* bauen, ebenso einen besonderen Feiertag für sie festlegen lassen.

sich ihre je eigene, gleichsam ganz ‚private‘ Fortuna (*Fortuna privata*) als Patronin ihres Wohlergehens und ihrer Glückswünsche.

Fortunas frühe, für die Antike und darüber hinaus ganz oder teilweise beibehaltenen äußeren Attribute sind ein mächtiges Füllhorn (*Cornucopia*), durch welches Überfluss, Fruchtbarkeit, Kindersegen und dergleichen mehr, demnach bedeutsame *irdische* Glücksgaben, symbolisiert werden, und die Kugel (nicht das erst später, seit dem 11. Jahrhundert aufkommende, für sie dominant charakteristisch bleibende Rad)[25], auf der sie anscheinend leichtfüßig, gelegentlich aber doch auch unverkennbar unsicher steht und sich schwankend bewegt.[26] Sie sollte ursprünglich wohl den Globus, die Erde, mithin Fortunas weltumspannende Herrschaft (bzw. spezifischer: Roms Herrschaft über die Welt) vorstellen.[27]

Fortuna war eine machtvolle, im Zuteilen wie im in den Gründen undurchschaubaren Verweigern ihrer Gaben nicht berechenbare Göttin. Dass mit ihren Wohltaten mit Gewissheit niemand naiv rechnen oder sie womöglich einfordern konnte, dass vielmehr allzu oft ihrer unzweifelhaft Unwürdige unverdient bedacht wurden, andere hingegen, im Leben und Tun Verdienstvolle, leer ausgingen, Fortuna demnach als *Fortuna fallax* bzw. *incerta* ihre Gaben gleichsam *blind* und *unbeständig, wahllos* und ohne jegliche Garantie auf Dauerhaftigkeit, austeilte, trat als verwerfliches Merkmal der Göttin historisch in dem Maße prägnanter hervor, wie es während der politisch bewegten, krisenhaften römischen Kaiserzeit zu einer engeren Verbindung, wenn nicht

---

25 Vgl. Doren, wie Anm. 1, S. 80, dort auch Bemerkungen zu Rad und Kugel. Als erstes Fortunarad gilt das in der Hs Montecassino 189, fol 146 abgebildete.

26 Von den „unsicheren Schritten“ der Fortuna auf der schwankenden Kugel sprechen u. a. die *Carmina Burana*: „Passibus ambiguis Fortuna volubilis errat [...]“. Vgl. CB, 18.2. *Carmina Burana*. Vollständige Ausg. d. Orig.textes nach d. v. Bernhard Bischoff abgeschlossenen krit. Ausgabe v. Alfons Hilka u. Otto Schumann. Übers. d. lat. Texte v. Carl Fischer, d. mittelhochdt. Texte v. Hugo Kuhn. Anmerkungen u. Nachw. v. Günter Bernt, 5. Aufl. München 1991. In zahlreichen Bildern des 15. und 16. Jahrhunderts, so bei Albrecht Dürer (*Fortuna – Das kleine Glück; Nemesis*, 1502), bei Bottega de Mantegna (*Occasio et penitentia*), Peter Paul Rubens oder dem Emblematiker Andreas Alciatus (*Emblematum Liber*, 1531: Emblema CXXII, *In occasionem*) u. a. m., ist die Kugel nach wie vor bzw. wieder charakteristisches Attribut Fortunas (nun auch oft mit dem langen Stirnhaar, einem Merkmal des Kairos, versehen).

27 Weitere Merkmale sind die aus dem Isiskult herrührende Mondscheibe sowie der Caeduceus (Heroldsstab).

Verschmelzung von Fortuna und der griechischen *Tyche* und somit zur Vermischung ihrer beider Eigenschaften kam, wobei die nachteiligen Einflüsse zu überwiegen begannen.

IV.

Wie Fortuna galt Tyche, was etwa ‚die aus der Ferne sicher Treffende' bedeutet,[28] anfangs als schenkende, lenkende, gebende, Veränderungen bewirkende Macht.[29] Ihre Attribute sind das Steuerruder (das sie als Lenkerin charakterisiert), ebenso das Füllhorn (auch bei ihr Reichtum, Fruchtbarkeit symbolisierend), die Mauerkrone (die sie als Stadtgöttin und -beschützerin ausweist), desweiteren die Kugel, die nicht mehr nur und in der Folgezeit immer weniger als ‚Globus' angesehen wurde.

Die ergiebige Studie der Kunsthistorikerin Ehrengard Meyer-Landrut über *Fortuna im Wandel der Zeiten* (1997) belegt imponierend mit reichem Material, wie, vor allem durch den wachsenden Autoritätsverlust der alten römischen Götter mit verursacht, Fortuna/Tyche sich zunehmend rigoroser zu einer *dea dubia* bzw. *dea incerta*, heißt zu einer kapriziösen, „oft übelwollenden, einmal heiteren, einmal zornigen Schicksalsmacht" wandelte.[30] Sie veränderte sich zum Sinnbild eines launenhaften Glücks, des blinden Schicksals, wobei sie neben den bereits von Tyche angenommenen Zügen u. a. solche der alten *Moiren*, der griechischen Schicksalsgöttinnen wie des stirnbeschopften („fronte capillata"), windigen und sehr wendigen Zeussohns *Kairos* als Gottes der „günstigen Gelegenheit" bzw. des „rechten Augenblicks"[31] annahm.

Der beträchtliche Vertrauensverlust, den – wie gleichfalls die traditionellen Tugenden im allgemeinen – Fortuna erlitt, führte, klagte Seneca, in der römischen ‚Treibhauskultur' (Max Pohlenz) zu fatalistischen Einstellungen oder würde diese doch er-

---

28 Das ‚Bild' der Pfeile schießenden Tyche könnte möglicherweise auf das IV. Buch von Homers *Ilias* zurück gehen (Pandaros und Menelaos).

29 Nach Aristoteles ist *Tyche* Ursache von allem, was aus einer beabsichtigten Tat *unbeabsichtigt* entsteht („mitgängig" ist). Vgl. Aristoteles, *Physik*, 197b: „hê tychê aitia kata symbebêkos en tois kata proairesin heneka tou".

30 Ehrengard Meyer-Landrut, *Fortuna: Die Göttin des Glücks im Wandel der Zeiten*, München, Berlin 1997, hier S. 24.

31 ευκαιρία; lat. occasio, das mit ‚Sich-Zutragen', ‚Zufall' übersetzt werden kann.

heblich befördern. Er begünstige die Hinwendung der Menschen zur Mantik, der Seher- und Wahrsagekunst, durch welche die *fata* erkannt werden sollten (was faktisch der Fall war und in einen sich zunehmend verbreitenden Astraldeterminismus mündete) – zumal bei den ‚Unwissenden', so Seneca, der selbst diesem wankelmütig vagierenden, unsteten Treiben der Göttin Fortuna (zumindest theoretisch) das furchtlose stoische Remedium der *tranquillitas animi*, der Seelenruhe (*ataraxia*), entgegensetzte. Dies alles ist in *De vita beata* sowie in anderen seiner Schriften in aller Ausführlichkeit nachzulesen.[32]

Die im Charakter der Fortuna/Tyche (mit ihren verschiedenen Ansippungen) mit angelegte Nähe zum *Fatum* (*heimarmene, anágkê*), als Schicksal, Los, Geschick, Verhängnis zu verstehen, bringt ein zutiefst existentielles, nicht zum geringsten mit der moralisch-ethisch relevanten, fundamentalen Frage nach der menschlichen *Autonomie* und *Freiheit des Handelns* verbundenes Moment in das Denken über das Glück mit ein – sofern man ihm allein die – scheinbar – mit eigenen Mitteln nicht zu beeinflussende, selbst lenkbare Herrschaft über das eigene Leben schicksalergeben überlässt.

Wie die Stoa im Allgemeinen verstand Tullius Cicero (und verhielt sich selbst kritisch dazu) das *Fatum* (*necessitas* oder *calamitas*) als ewiges, unveränderliches *Naturgesetz*.[33] Damit warf auch er eine bedrängende, bis zu Kant, Wieland oder auch Goethe und Schopenhauer und weit über sie hinaus beharrlich gestellte, intensiv diskutierte Frage auf: Welche Möglichkeiten für eine freie, selbstbestimmte Lebensgestaltung und -führung unter dem unerbittlichen Regiment eines in seiner Macht zumindest scheinbar unergründlichen und unausweichlich lenkenden *Schicksals*, als welches Fortuna/Tyche angesehen wurde, den Menschen blieben?[34] Cicero wandte sich u. a. in seiner Schrift *De fato*[35] nachdrücklich gegen diese Vorstellung eines

---

32   Vgl. a. Seneca, *De tranquillitate animi.* Anm. 13, Bd. 2, S. 102–173. Vgl. a. den 51. und 107. Brief Senecas an Lucilius. Vgl. Ausgabe wie Anm. 13, Bd. 3, S. 403–411.

33   Cicero versteht unter *fatum* den „ordo seriesque causarum", also eine gleichsam naturgesetzliche Determiniertheit. Dem freien Willen kommt darin keinerlei Spielraum mehr zu. Vgl. Cicero, *De divinatione. Über die Wahrsagung*, üs. u. hg. v. Christoph Schäublin, Zürich 1994, 1,55.

34   Vgl. als Einführung: *Hat der Mensch einen freien Willen? Die Antworten der großen Philosophen*, hg. v. Uwe an der Heiden u. Helmut Schneider, Stuttgart 2007.

35   Ebenso wäre in Betracht dieser Frage Ciceros *De officiis* zu berücksichtigen, in dem es um die „fines bonorum", die höchsten Werte und um das „beate vivere", um das Glücklichsein, das glückvoll geführte Leben, geht.

unausweichlich zwingenden Geschicks,[36] dem die Menschen wie an einen ‚Wagen gekettete Hunde' (diesen drastischen Vergleich stellte der Stoiker Chrysippos her) anheim gegeben sind.

Horaz, der den Zusammenhang zwischen menschenunwürdiger Fremdbestimmtheit durch das sprunghafte Walten der Fortuna/Tyche und der Würde menschlicher Selbstbestimmung ebenfalls klar erkannte, wählte zu seinem seelenschützenden Bollwerk die Lebensweise der Armut (wenigstens der Selbstbeschränkung) – und ich „wähl' ohne Mitgift die brave Armut" (wie er an seinen Gönner Mäcenas schrieb) –, womit er, wie später freilich wesentlich radikaler die christlichen Asketen, eine einflussreiche Lebensführung mit beförderte.[37] Andere brachten gegen das Unwesen der Fortuna bzw. des Fatums die kraftvollen Tugenden der *sapientia, prudentia, ratio, fortitudo,* letztere häufig im Helden und Halbgott Herakles personifiziert, der im Mittelalter wie noch sehr viel später als Vorbild für tugendhaftes Verhalten galt, in seelenfriedengewährende Stellung.[38]

Diese beiden Pole: Schicksal und Zufall oder aber tugendhafte/moralische Lebensführung als Glück bringende oder es stiftende Mächte, bestimmten in entscheidender Weise die Diskussionen über das Glück.

Der einschneidende Wandel der großen, machtvollen Göttin Fortuna zum ‚rasendfrechen Weib', dessen Handlungen als von undurchschaubaren, unbeständigen, keinerlei Gerechtigkeitssinn verpflichteten Launen geleitet angesehen wurden, erforderte vielfältige Remedien, um den skandalösen Willkürlichkeiten im Zugestehen und Ver-

---

36 Vgl. M. T. Cicero, *Über das Fatum (De fato),* lat.-dt. hrsg. u. übers. v. K. Bayer, 3. Aufl. München/Zürich 1980. Dazu ausführlich Magnus Schallenberg, *Freiheit und Determinismus. Ein philosophischer Kommentar zu Ciceros Schrift* De fato, Berlin 2008.

37 Horaz fragt in den *Satiren (Sermones):* „utrumne divittis homines an sint virtute beati", ob Menschen durch Reichtum oder Weisheit glücklich werden?

38 Augustinus wird die Frage nach dem freien Willen und dem ‚Glück' damit beantworten, dass viele Menschen das ‚Glück' nicht erreichen, weil sie sich, aus *freiem Willen,* für ein nur vermeintliches, heißt ein bloß *zeitliches* Glück (dem der *vita activa)* entscheiden, ohne doch auch ‚gut' *leben* zu wollen. Dem liegt der Gedanke zugrunde, dass das ‚ewige' Gesetz, anders als das auf die (irdische) Zeit bezogene, die radikale Abwendung von den zeitlichen / terrenischen Dingen verlange. Diese Überzeugung ist zugleich die geschichtsphilosophische Auffassung Augustinus', der eine irdische und eine jenseitige Herrschaft unterscheidet. Vgl. Aurelius Augustinus, *De libero arbitrio / Der freie Wille,* in: *Augustinus Opera / Werke,* Paderborn 2006, Bd. 9.

weigern von Glücksgaben nicht hilflos anheim gegeben zu sein, sich vor ihnen zu schützen.

V.

Aristoteles hatte in der *Nikomachischen Ethik*, die davon handelt, wie ein ‚gutes Leben' möglich, wie es zu erwerben und zu führen wäre, vernünftig begründet, dass „die Glückseligkeit eine der *Tugend* gemäße Tätigkeit", also mit *Handeln* verbunden sei.[39] Dies ist eine spätestens seit Beginn der Moderne nicht mehr eben leicht nachvollziehbare Gewissheit und Haltung. Gleichwohl hatte sie, zumal über die noch bis in das 18. Jahrhundert einflussreich gebliebenen stoischen Traditionen vermittelt, lange Bestand. Wir begegnen ihr bei Heinrich von Kleist, um lediglich ihn beispielhaft zu erwähnen.[40] Zur Glückseligkeit bedürfe es vor allem der *Erkenntnis*, so Kleist, damit die „Menschen das Ziel ihres Lebens, das Glück, so klar vor Augen" sehen, „daß sie es wie ein Bogenschütze gut treffen", wie wiederum Aristoteles mit einer anschaulichen Metapher sagt. Das Moment des in Tyche/Fortuna verkörperten Zufälligen dürfe nicht die mindeste Rolle spielen: Denn „[w]ie könnte", fragt der Stagirite, „das Größte und Schönste von einem bloßen Zufall abhängig sein!" (*Nikomachische Ethik*).[41]

Diese nicht allein von Aristoteles vertretene Überzeugung prägte auch die Gestaltung der berühmten *Tabula Cebetis*. Bei ihr handelt es sich um eine antike Allegorie des Glücks (als *eudaimonia*) bzw. des Lebens. Höchst einprägsam hat die detailreich ausgeführte, seit dem Humanismus (etwa von Johann Kramer, Hans Holbein d. J., David Kandel u. a.) bis im 19. Jahrhundert immer wieder ins Bild gesetzte,

---

39   *Eudaimonia* wird durch vernunftgeleitetes Verhalten/Handeln erreicht bzw. durch ein
     vernunftgemäßes, tugendhaft geführtes Leben („hê eudaimonia psychês energeia tis kat'
     aretên teleian", Aristoteles, *Nikomachische Ethik*, I 13, 1102 a 5).

40   Vgl. Heinrich von Kleist, „Aufsatz, den sichern Weg des Glücks zu finden und ungestört
     auch unter den grössten Drangsalen des Lebens, ihn zu geniessen!", in: H. v. Kleist,
     Sämtliche Erzählungen. Text u. Komm., hrsg. v. Klaus Müller-Salget, Frankfurt a. M.
     2005, S. 515–530.

41   Aristoteles meint den ‚Geist'. Dieser „ist das Beste in uns, und die Objekte des Geistes
     sind wieder die besten im ganzen Bereich der Erkenntnis." *Nikomachische Ethik*,
     X,7,15f.

diskutierte und kommentierte *Tabula* in philosophischer Hinsicht wie mit Blick auf je individuelle Lebensführungen die Auseinandersetzungen zwischen der beliebig und scheinbar ziellos handelnden Fortuna und den *eigentlich* anzustrebenden Werten und Tugenden im Bild sorgfältig dargestellt.

Die *Tabula Cebetis* war eine Weihetafel im Heiligtum des Kronos.[42] Die in dem – im 1. Jahrhundert n. Chr. entstandenen – Dialog des Cebes/Kebetos (der ein Schüler Sokrates' war) „Thebaion Pinax" handelnd Beteiligten werden auf ihrer wegereichen Suche nach dem Glück mit zahlreichen zentralen Herausforderungen konfrontiert, wie ein *gelingendes*, wie das *gute* Leben möglich sei.

Der Weg zum Gipfel, heißt zum Glück als höchstem anzustrebendem Lebensziel ist wie vermerkt in der *Tabula* als Allegorie angelegt.[43] Über etliche Stationen, dabei über vielerlei falsche, verschlungene, auch in die Irre leitende, verführerische Wege, so z. B. dem der „Täuschung", des „Schlimmen Geschicks", der „Schwelgerei", der „Zügellosigkeit", des „Jammers", der „Scheinbildung" usw., gelangt man endlich (bzw. könnte man gelangen, wählte man den richtigen Weg) „durch eine kleine Tür", über einen „unwegsamen Pfad" zu zwei Frauen, die als Personifikationen der „Enthaltsamkeit" sowie der „Standhaftigkeit" anzusehen sind.

---

42 Vgl. a. Reinhart Schleier, *Kebetos Thebaiou pinax. Spiegel des Menschlichen Lebens, darin Tugent und untugent abgemalet ist. Studien zur Rezeption einer antiken Bildbeschreibung im 16. und 17. Jahrhundert*, Berlin 1973; vgl. a. Meyer-Landrut, a. a. O., S. 20ff.; Reinhart Schleier, *Tabula Cebetis. Studien zu Rezeption einer antiken Bildbeschreibung im 16. und 17. Jahrhundert*, Berlin 1973. Eingehend: *Die Bildtafel des Kebes. Allegorie des Lebens*, eingel. üs. u. mit interpretierenden Essays versehen v. Rainer Hirsch-Luipold u. a., Darmstadt 2005.

43 Diesem Aufstieg (*ascensus*) vergleichbar hat der bedeutende mittelalterliche Theologe Honorius Augustodunensis im 12. Jahrhundert in seinem *De animae exsilio et patriae* eine ‚Reise' der im *Nichtwissen* exilierten Seele (des Menschen: „exsilium hominis") vorgestellt. Für ihn gelangt die Seele ins ‚Vaterland' bzw. die ‚Heimat' – zum Wissen, zur Weisheit – auf einer langen ‚Bildungs'-Reise durch die Städte der *septem artes liberales*. Vgl. dazu Paul Michel, „‚Ignorantia exsilium hominis.' Zu einem enzyklopädischen Traktat des Honorius Augustodunensis". In: *Strenarum lanx. Beiträge zur Philologie und Geschichte des Mittelalters und der Frühen Neuzeit. Festgabe für Peter Stotz zum 40-jährigen Jubiläum des Mittellateinischen Seminars der Universität Zürich*, hg. v. Martin H. Graf u. Christian Moser, Zug 2003, S. 117–143.

Johann Kramer, *Tabula Cebetis*, Titelblatt, 1551

Nach weiteren Stationen erreicht man die „Wahre Bildung", kommt an den Ort, „an dem keiner wohnt", meint zum „Wissen", zur „Besonnenheit" (*sophrosyne*), über diese schließlich zur „Glückseligkeit" (*eudaimonia*). Deren Wesen besteht darin, wird ausdrücklich gesagt, dass sie ein glückliches Leben „nicht von anderen", etwa vom Wirken der Fortuna/Tyche oder dem anderer unergründlicher Mächte, abhängig sein lässt, ein solcherart jemandem zukommendes Glück demnach *fremd*-, nicht *selbstbestimmt* wäre, sondern sich allein in *Freiheit* zu erfüllen vermag. Die Lehre des allegorischen Aufstiegs (*ascensus*), ein auch in christlichen/biblischen Bezügen bekanntermaßen bedeutsames und wiederholt verwendetes Bild, ist, dass die „Hoffnungen auf ein glückliches Leben" nicht, wiederum!, von „anderen" oder „anderem" abhängen – man trägt sie in sich selbst.[44]

In diesem Dialog wird nun wenn auch nur indirekt auf das Fortuna in der Antike vornehmlich kennzeichnende Merkmal der ‚Kugel' Bezug genommen. Die in ein ein-

44 Die Hoffnungen „auf ein glückliches Leben hängen nicht von anderen ab", sondern man „trägt sie in sich selbst." *Die Bildtafel des Kebes*, a. a. O., S. 91.

faches, schmuckloses Gewand gekleidete Frau, es handelt sich um die personifizierte *Paideia* (Bildung), steht nicht, wie Fortuna oder Tyche, auf einer Kugel und also in ihrer Richtung und Bewegung unbestimmt sich bewegend, sondern auf einem „standfest hingelegten Stein": „áll épi tetragónou ásphalos keiménou". Dies ist ein untrügliches Zeichen, dass der Weg zu ihr wohl eng, schwierig, anstrengend sein mag, doch das Ziel der ihn Wählenden letztendlich *sicher* ist, dass die bei ihr Ankommenden auf solidem Grund stehen werden. Die Geschenke, die Paideia – zusammen mit Wahrheit und *Peitho*, Überzeugungskraft – austeilt, sind echte, verlässliche, nicht vom blinden Zufall (*autómaton, casus*) beliebig-wahllos ausgeteilte, sondern aus eigenem Bemühen selbst erworbene Gaben.

VI.

Die hier wie in unzähligen anderen Dokumenten sich zum Ausdruck bringende, wie nur in Kürze angemerkt werden kann, massive Herabsetzung der Fortuna als einer vom menschlichen Willen und Wollen gänzlich unabhängig agierenden Macht – so vornehmlich in den philosophischen/theologischen Diskussionen –, wird sodann im Christentum wie zumal von der sich entwickelnden christlichen Theologie aus naheliegenden Gründen eindringlich forciert, ohne dass freilich Fortunas Einfluss und ihre erhebliche (nicht zuletzt: in Kunst und Literatur medial weiterhin äußerst wirksame) Präsenz sich wirklich aussichtsreich und dauerhaft hätte zurückdrängen oder sogar beseitigen lassen. Das Fortwirken der heidnischen Fortuna zumal in den Lebenswelten des einfachen Volks (freilich nicht ausschließlich dort!) war schlicht nicht zu ignorieren – womit die unerlässliche Verpflichtung aufgegeben war, ihre Macht unmissverständlich in christlichem Sinn umzudeuten, d. h. in christliche Welt-, Heils-, Verstehensordnungen einzubinden, darin aufzuheben bzw. zu ‚akkomodieren'.

Ein bloß kursorischer Blick auf einige wenige profilierte Vertreter des neuen, noch nicht wirklich und umfassend sicher gefestigten Glaubens, der sich u. a. nach wie vor gegen den vielgestaltigen römischen Polytheismus und dessen fortdauernde Gegenwärtigkeit zu behaupten hatte, eröffnet eine zumindest doppelte Perspektive.

Das in seiner Entwicklung junge Christentum stand zum einen vor der nachgerade herkuleisch zu nennenden Aufgabe, seinen Glauben gegen alte und nach wie vor nachhaltig, wenn oft auch nurmehr untergründig einflussreiche heidnische Wertvorstellungen und Einflüsse zu immunisieren. Zum anderen schien es auch ratsam, die (hellenistische, antike) Philosophie bzw. Kultur im Allgemeinen nicht einfach in Bausch und Bogen zurückzuweisen. Vielmehr sei es sinnvoll, aus ihnen alles an Wissen, Erkenntnissen, Erfahrungen zu ziehen und zu nutzen, was sich als zu integrieren (etwa Platons Philosophie) förderlich erweist, es dem christlichen Glauben anzuverwandeln, wie es vor allem der Theologe Clemens von Alexandria (150–215) ausdrücklich u. a. in seinen *Stromateis* empfahl.

Der unversöhnliche Kirchenvater Augustinus schleuderte seine leidenschaftlich-grimmige Verachtung gegen Fortuna. Wohl musste er *nolens volens* das aus dem Sprachschatz nicht zu tilgende Wort *fortuna* dulden, das er freilich im *Gottesstaat* etymologisch auf ‚Zufall' (*fors*) zurückführte, also auf eine für den christlichen Glauben völlig irrelevante Kategorie. Die alte Göttin dieses Namens indes setzte er sarkastisch als eine „Allerweltsgöttin des gefallenen, absterbenden, heidnischen Roms" herab, wie F. P. Pickering kommentiert.[45] Er verschmähte sie als eine der materiellen Sinnen-Welt (*civitas terrena*) zugehörende heimtückische Dämonin der Finsternis. Es könne nicht sein, Augustinus argumentiert hier ähnlich wie Aristoteles und andere mehr, dass sie einmal gut, einmal böse sei, ihre Gaben einmal wahllos und beliebig reich verteile, sie den Verdienstvollen und ihrer eigentlich Würdigen aber grundlos vorenthalte. Damit setzte er eine bewährte Strategie in der lange anhaltenden Konfrontation mit den paganen religiösen und kulturellen Traditionen um. Lactantius wiederum, ein früher, glühender wie nicht minder äußerst polemischer Anhänger und Apologet des Christentums, entzauberte Fortuna zum ‚heimtückischen Geist' (*subdolum spiritum*), zur Feindin alles Guten, zur übelwollenden Widersacherin der Gerechtigkeit. Nichts sei sie anderes, so Laktanz, als eine der vielen (weltlichen) Verkörperungen heidnischer *stultitia* und *caecitas*.

Fortuna wurde in einem christlichen Verständnis Schritt um Schritt zum *dämonischen Zwischenwesen* herabgewürdigt, depotenziert, mithin einer Vorstellungswelt eingefügt, der solche obskuren Wesen seit alters her sehr gut vertraut waren. Ihre Lockungen und Launen wurden christlich, formuliert es Willy Sanders, als „heilspädagogisches Werkzeug" Gottes instrumentalisiert. An ihnen hatten sich die (christlich) mit einem *freien Willen* (*liberum arbitrium*) versehenen Menschen zu bewähren

---

45 F. P. Pickering, *Augustinus oder Boëthius? Geschichtsschreibung und epische Dichtung im Mittelalter und in der Neuzeit*, Berlin 1967, S. 117. Vgl. Aurelius Augustinus, *De civitate Dei*, v. a. 4, 18ff.

(worin auch alte stoische Remedia, etwa die von Seneca empfohlenen, erkennbar werden).

Hieronymus, ein anderer bedeutender, einflussreicher Kirchenvater, integrierte Fortuna mit ihrem unsteten Wesen und Wirken christlich-theologisch, gewissermaßen glaubenspolitisch wie religionsstrategisch klug überlegt in Gottes großen Heilsplan ein. Auf ähnliche Weise verfuhren viele andere, die in realistischer Einschätzung der neuen, sich durchgreifend verändernden Verhältnisse das offenkundig unausrottbare antike Übel einer sinnvollen, nun aber ausschließlich christlich motivierten, im christlichen Denken fundierten Aufgabe zuführen wollten bzw. dies aus naheliegenden Gründen, die nicht zuletzt solche politischer Natur waren, auch mussten.[46]

VII.

Der spätantike christliche (?) Philosoph und Staatsmann unter dem gotischen König Theoderich, Anicius Manlius Boëthius, machte das Mittelalter mit der launenhaften Göttin bekannt, mehr noch: mit ihr geradezu vertraut. Durch ihn verfestigte sie sich als Gestalt wie als Idee und Motiv nachhaltig in den mittelalterlichen Denk-, Imaginations- und Lebenswelten. Durch ihn wurde sie als die ‚Göttin mit dem Rad' zudem ikonographisch in der gesamten Literatur und Kunst der Epoche nachgerade heimisch[47] – trotz aller keineswegs nachlassenden Anstrengungen, ihre aufdringliche Präsenz und Macht zu verunglimpfen oder sie endgültig zu zerstören.

Wegen angeblichen Hochverrats und Verschwörung zum Tode verurteilt, schrieb Boëthius während seiner Haft 524 sein berühmtes *De consolatione philosophiae* (*Vom Trost der Philosophie*). Wie wenige andere Schriften wirkte dieses eminente Werk so nachhaltig wie inspirativ in das gesamte Mittelalter hinein, schon mit einem in vielerlei Hinsicht christlichen bzw. in christlichem Verständnis lesbaren Ethos. Und die *Consolatio* ist fraglos die wichtigste, am weitesten verbreitete ‚literarische' Quelle für die sich zumal in der Literatur wie in der Kunst weiterhin äußerst vital behauptende Fortuna-Thematik im Mittelalter.

---

46 Dazu gehörte, dass z. B. auch Ciceros stoische Ethik strategisch mit gegen falsche heidnische Glaubensüberzeugungen ‚in Stellung' gebracht wurde. Dies gilt insbesondere für den Bischof Ambrosius von Mailand in seinem *De officiis ministrorum*.

47 Dieser Prozess ist seit etwa dem 11. Jahrhundert deutlich zu beobachten.

Die *Consolatio* ist in ihren großen Teilen ein Dialog zwischen Boëthius und der in seinen düsteren Kerker eintretenden Dame Philosophie, die sich alsbald selbst in einer Art ,therapeutischem Rollenspiel' (W. Sanders) als Fortuna geriert, in dieser Rolle zu ihm spricht. Wortreich klagt ihr der Gefangene sein hartes, wie er befindet, ungerechtfertigtes Los. Er führt, intellektuell noch entschieden in der Antike zuhause, doch zugleich in vielem dem christlichen Denken sehr nahe, sein bejammernswertes Schicksal namentlich auf *Fortunas Launen* zurück. Die Dame Philosophie belehrt ihn aber mit nüchternem Gestus, sein Leiden liege tatsächlich in nichts anderem (und daher gering zu schätzendem Grunde) als in seiner profanen, rein selbst- und weltbezogenen Sehnsucht nach einstmals besessener Macht, seinem materiellen Reichtum. Überdies macht sie ihm klar, dass dieses vexierende Wechselspiel von Glück und Unglück Fortunas ganz eigentümliche Natur sei (der er, wolle er von seinen Sorgen und seiner Verbitterung wegen vermeintlicher ungerechter Benachteiligungen endgültig befreit werden, zu widerstehen habe)[48]: Gebe sie doch *und* nehme sie ganz nach Belieben wieder, wann immer sie es will, ohne darüber irgend Rechenschaft ablegen zu müssen. Sie *ist* ja Fortuna *bifrons*, zugleich *Fortuna bona* wie *Fortuna mala* (für die der große scholastische Theologe des Mittelalters, Thomas von Aquin, 34 unterschiedliche Qualitäten zu benennen und im einzelnen zu erläutern weiß), sie ist *Fortuna labilis* und *caeca*.

---

48 Was an Epikurs, des Theoretikers des ,kleinen Glücks', Bemerkung erinnert, dass noch selbst auf eine Folterbank gefesselt der Weise glücklich sein kann (*Brief an Meonikeus*), auch dies ein Gedanke, der bis in das Mittelalter hinein fortleben wird (und etwa in Heiligen- bzw. Märtyrerlegenden begegnet).

Zu Boëthius' *De consolatione* (frz. 1450/60, London Brit. Library)

Fortuna bzw. die Dame Philosophie, indem sie Fortunas Rolle einnimmt und als diese zu ihm spricht, charakterisiert das vom eingekerkerten Dichter beklagte launische Tun bündig so: „Dies ist unsere Macht, dies ununterbrochene Spiel spielen wir, wir drehen das Rad in kreisendem Schwunge, wir freuen uns, das Tiefste mit dem Höchsten, das Höchste mit dem Tiefsten zu tauschen. Steige aufwärts, wenn es Dir gefällt, aber unter der Bedingung, daß Du es nicht für ein Unrecht hälst, herabzusteigen, wenn es die Regel meines Spiels fordert."[49] Aufstieg und Fall, Fall und Aufstieg, Erhöhung und Erniedrigung, Freude und Leid geschehen, sie kommen und gehen gemäß eines allein von Fortuna in seinem Ablauf bestimmten Spiels, dessen Regeln schlechterdings nicht aufzuheben oder zu bestreiten sind. Der Dichter erkennt, schließlich sein ‚Los' annehmend, dass sein Glück ein „treuloses" gewesen sei, das ihm nur „flüchtige Güter gespendet" habe."[50] Im III. Buch der *Consolatio* erweist sich schließlich die *Liebe zur Weisheit* (also zur Philosophie) als wahres und einzig anzustrebendes Glück bzw. Glücksversprechen (was wiederum an Aristoteles, an Seneca u. a. erinnert).

---

49 A. M. Boëthius, *De consolatione philosophiae. Trost der Philosophie*, Lat.-dt., hg. v. Ernst Gegenschatz u. Olof Gigon, München u. Zürich 2004, S. 49 (2,2).

50 A. M. Boëthius, *De consolatione*, a. a. O., 1. Buch, S. 3.

In ikonographischer Hinsicht ist nun bedeutsam, dass bei Boëthius, dies vermutlich erstmals, und seitdem als Fortunas vorrangiges Attribut statt der seit langem aus der Antike vertrauten Kugel, das *Rad* begegnet,[51] das im Mittelalter nahezu ausnahmslos ihr auffälligstes, am häufigsten begegnendes Merkmal bleiben würde, während die alten Attribute (wie eben v. a. die Kugel) in den Hintergrund rücken bzw. teilweise erst in der Renaissance und im Barock (dort auf eine z. T. eigenwillige Weise) wieder auftreten.[52]

Für diese durchaus nicht beiläufig zu beachtende, veränderte Ikonographie Fortunas und ihre fortwirkende Präsenz innerhalb eines christlich versteh- und deutbaren Denk- und Deutungshorizonts, wird in der *Consolatio* eine äußerst aufschlussreiche bildlich-gedankliche Veränderung leitend, die sich auf die *Radnabe* als des Mittelpunkts einer *kosmischen* Bewegung konzentriert.[53] Wie ist das zu verstehen?

Die Radnabe wird als *Zentrum* fixiert, um das sich der kreisende, durch den Schöpfergott im Akt eines ersten Impulses angestoßene Lauf der Gestirne dauerhaft bewegt (wofür das Mittelalter das prominente Bild des *mundus rotatus* kannte, wie etwa bei dem prominenten Chronisten Otto von Freising). Boëthius spricht hier von *fatum*, womit er, ohne sie bei diesem Namen ausdrücklich zu nennen, Fortuna (bzw. *casus*) meint, die er auch mit dem herkömmlichen Attribut der *cornucopia* zeichenhaft ausstattet. Nachdrücklich macht er im weiteren klar, daß noch in *jedem einzelnen* der um die Nabe als Mittelpunkt des Rades (*mundus rotatus*) sich näher oder ferner zu ihr bewegenden Kreise, allein und einzig die göttliche *providentia* vorwalte: „So kommt es", steht daher im IV. Buch, welches gedanklich-reflexiv und unmißverständlich die völlige Depravierung von Fortunas Selbstmächtigkeit entfaltet, „daß alles, was dem Schicksal untersteht, auch der *Vorsehung* unterworfen ist und ebenso das Schicksal

---

51 Womit folgerichtig zugleich eine grundlegend *andere* Qualität der *Bewegung* Fortunas als auf der wankenden Kugel angezeigt wird. Das Rad kennt nur die Bewegungen von oben nach unten (auch wenn es oftmals waagrecht liegend mit Fortuna darauf stehend, dargestellt wird), die Kugel hingegen kann sich in mehrere, völlig unbestimmte Richtungen bewegen.

52 Vgl. Gottfried Kirchner, *Fortuna in Dichtung und Emblematik des Barock. Tradition und Bedeutungswandel eines Motivs*, Stuttgart 1970.

53 Diese Passage erinnert an Platons in der *Republik* vorgestellten Vision des Himmelsgebäudes (Platon, *Republik* 10,14, 617b–d). Bei Platon dreht sich das Himmelsgebäude wie bei einer Spindel um eine Achse (Platon bezieht sich hier auf die Moiren, wobei die Spindel bemerkenswerterweise im Schoß der *Ananke*, also der *Notwendigkeit*, liegt).

selbst.“[54] Der heidnischen Fortuna/Tyche bleibt bei ihm schließlich keinerlei auto-
nome Macht mehr, über die sie selbständig verfügen könnte. Sie ist von Boëthius zu
einer subalternen, zu *eigenem* Handeln und aus *eigenem* Willen nicht mehr fähigen, ja
genau genommen nurmehr im Auftrag handelnden Gehilfin der *Providentia* degradiert
worden (wie dies z. B. auf einem Holzschnitt von Georg Pencz aus dem Jahr 1534
ausgeführt ist).[55]

Holzschnitt von Georg Pencz, 1534

Wie angedeutet hat Fortuna – als dogmatisch weitgehend in die christliche Weltord-
nung integrierte, göttlicher Providenz unterworfene und somit (unvermeidlich) tolerier-
bare und sich, zumindest als ‚Motiv‘ oder als Figur bewahrende Gestalt – in den
folgenden Jahrhunderten keineswegs an Anziehungskraft verloren, sondern weiterhin
eine unerwartet imposante Karriere gemacht. Außergewöhnlich häufig begegnet sie
als Figur und Idee in der Literatur und in der bildenden Kunst. Selbst die um die Er-
schließung der *res factae* bemühte mittelalterliche Chronistik, die nach wie vor we-

---

54 A. M. Boëthius, a. a. O., Buch IV, S. 207 Hervorhebung durch mich.

55 Deutlich ist auf dem Holzschnitt von Georg Pencz Gottes (?) aus den Wolken in das
   Geschehen lenkend hineinreichende Hand mit einer Leine zu erkennen, an der er die
   noch dazu mit einer Augenbinde versehene, das Rad drehende Fortuna führt.

sentlich mit den heilsgeschichtlichen Implikationen weltlich-historischen Geschehens befasst ist, lässt sie oft und äußerst aktiv agieren, durchaus nicht nur in nebensächlichen oder beiläufig zu nennenden Funktionen.

Bezeichnend ist in der Tat, dass trotz aller oben nur knapp skizzierten christlichen Diskreditierungen und Negierungen, sogar, und dort erstaunlich oft, in der mittelalterlichen Geschichtsschreibung und -dichtung Fortuna immer wieder mit ihrem „jammervollen Spiel" (wie der bedeutende mittelalterliche Chronist Lampert von Hersfeld in seiner *Chronik* befindet, denn sie würfelt auch!)[56] oder aber glückstiftend als *prospera* bzw. *bona fortuna* in Kämpfe und Kriege eingreift, die ohnehin willkommene Aktionsfelder der Fortuna sind, ihr Rad ohne jeden Unterschied zu beachten dreht, Glück und Unglück – „Sed nulla fortuna longa est" (Das Glück aber währt niemals lang) – aufeinander folgen lässt. Unbestritten gilt dennoch, dass Fortuna keine *wirkliche* oder eine doch nur bedingte Eigenmacht mehr zugesprochen wird. Bedingt, sofern die Zuteilung von Glück bzw. Unglück zumeist auf das (kontingente) Schicksal *Einzelner* bezogen wird, das große Gesamtgeschehen dagegen in seinem Lauf unwiderruflich der *Providentia* (bzw. der *divina dispositio*) unterstand – denn es könne keinen Zufall geben, unterstreicht energisch der mittelalterliche Chronist Thietmar von Merseburg, und sich in dieser Angelegenheit den theologisch-philosophischen Geboten seiner Zeit, was das weltliche Geschehen in seinem Verlauf *wirklich* bestimmt, verpflichtet zeigt.

VIII.

Ich möchte nurmehr recht gedrängt und mit nur wenigen Beispielen auf die an Glücks- und Unglückserlebnissen nicht arme mittelalterliche Literatur, Epik wie der Lyrik, zu sprechen kommen. In ihr wird ‚Glück' vornehmlich mit den kaum hinlänglich präzise übersetzbaren Worten *gelücke* bzw. *saelde* oder aber mit dem abstrakten *heil* wiedergegeben bzw., in spezifischen generischen Kontexten wie den Artusromanen, durch das aus dem Lateinischen stammende *âventiure* (*advenire*: was auf jeman-

---

56 Vgl. dazu den knappen, an thematisch zweckdienlichen Hinweisen ergiebigen Aufsatz von Hans-Werner Goetz, „Fortuna in der hochmittelalterlichen Geschichtsschreibung", in: *Providentia – Fatum – Fortuna. Das Mittelalter. Perspektiven mediävistischer Forschung. Zeitschrift des Mediävistenverbands*, hg. v. Joerg O. Fichte, Bd. 1 (1996), S. 75–89. Vgl. a. den Beitrag von Frank Meier in diesem Band zum Würfelspiel.

den zukommt). Auch in der mittelalterlichen Literatur verliert die doch beträchtlich in die Jahre gekommene und christlich längst in die energischen Schranken der Providenz gewiesene Fortuna ihr zwiespältiges Wesen keineswegs.

In dem großen altfranzösischen allegorischen Roman *Roman de la Rose* wird die Dame *Fortune* in ihrer Janusköpfigkeit – sie ist, als *Fortuna bifrons*, sowohl böse, abgeneigt wie auch gütig, schenkend, in einer Abbildung das Gesicht zur Hälfte hell, zur Hälfte dunkel – vorgestellt und vom Wirken der *rota Fortunae* ausgiebig berichtet. Der *Roman* bleibt in seiner Darstellung der Fortuna weitgehend dem von ihr traditionell immer erwartbaren unsteten Handeln verbunden. Demgemäß heißt es, daß von *Fortune* keinerlei Beständigkeit erwartet werden darf. Er verschärft ihr launisches Tun freilich damit, dass sie persönliche, individuelle Bindungen zu zerstören vermag, indem sie gute Freunde auseinander bringt.[57] Damit bereitet sie großes Unglück, gehört die *societas amicorum* doch zu den schlechterdings wichtigsten Glücksmomenten des Menschen als eines sozialer Bindungen bedürftigen Wesens.

Die *Carmina Burana* greifen das Glücksthema gleichfalls mehrfach auf,[58] ebenso Chaucers *Canterbury Tales*,[59] auf spezifische, mythische Weise Heinrichs von Veldeke

---

57 Vgl. Daniel Heller-Roazen, *Fortune's faces: the Roman de la Rose and the poetics of contingency*, Baltimore 2003; Valérie Galent-Fasseur, „Des deux arcs d'Amour à la maison de Fortune: grâces et disgrâces selon le Roman de la Rose", *Le beau et le laid au Moyen Âge*, Aix-en-Provence, Publications de l'Université de Provence (Senefiance, 43), 2000, S. 105–121.

58 Vgl. etwa „O Fortuna, / velut luna / statu variabilis, / semper crescis / aut decrescis; / vita detestabilis / nunc obdurat / et tunc curat/ludo mentis aciem, / egestatem, / potestatem / dissolvit ut glaciem. / Sors immanis / et inanis, / rota tu volubilis, / status malus, / vana salus semper dissolubilis, / obumbrata et velata / mihi quoque niteris; / nunc per ludum / dorsum nudum / fero tui sceleris." „O Fortuna! / Schnell wie Luna / Wechselst du dein Angesicht: / Licht gewonnen, / Licht zerronnen – / Leben, dem der Halt gebricht, / Kennt nur Spielen, / Ohne Zielen, / Schlägt und heilt den klaren Sinn, / Not und Plage, / Stolze Tage, / Schwinden wie der Schnee dahin. / Glückes Fülle! / Leere Hülle! / Durch die Lüfte rollt dein Rad. / Halt muß schwanken, / Heil erkranken, / Stets im Nebel führt dein Pfad; / Wo es dunkelt, / Licht nicht funkelt, / Hat mich deine Hand gepackt – / O dein Spielen, / Wahllos Zielen / Ließ mich Armen bloß und nackt." Auch das Motiv des auf- und abnehmenden Mondes als Kennzeichen der Wankelmütigkeit Fortunas ist in der (europäischen) Literatur stark verbreitet.

Eneit[60] oder Wirnts von Grafenberg Artusroman *Wigalois*, der ein sich drehendes goldenes Rad als sein ihn durchaus zurecht charakterisierendes Helmzier trägt.[61] Das Motiv ist den europäischen Literaturen auffällig gegenwärtig, wird aber durchaus variantenreich entfaltet.

Fortuna bifrons. Boëthius,
De consolatione; 1476, Harley Ms.

Jean Fouquet, Streit zwischen
Tugend und Fortuna (1460)

---

59 Vgl. dazu ausführlich die umfangreiche Studie von Danielle Amorato, „Chaucer on Luck and Happiness", in: JELA (*Journal of English Literatures in Australia*) 12/3 (1976), S. 271–465.

60 Im *Eneasroman* berichtet Eneas über seinen Vorfahren Dardanus, der von der Göttin Fortuna nach Kleinasien gesandt wurde, um dort Troja zu gründen. Die Göttin steht somit gleichsam als ‚indirekte' Initiatorin für die Gründung Italiens (Roms).

61 Im übrigen hat der französische Baumeister Villard de Honnecourt ‚Bauanweisungen' für Glücksräder gegeben. Vgl. Hans R. Hahnloser, Hg., *Villard de Honnecourt*, krit. Gesamtausgabe Wien 1935, S. 127–129.

Nach wie vor agiert Fortuna mit ihrer irritierenden kapriziösen Unverbindlichkeit, freilich eher nurmehr als eine Figur, die den (irdischen) Raum bzw. die Stelle eines (vorläufig noch) Unerklärbaren einnimmt, die ihr von der nun längst fest etablierten, als Macht nicht mehr hintergehbaren göttlichen *providentia* zugebilligt wird.

Der spätmittelalterliche Dichter der Kanzler, ein gebildeter Offenburger Schulmeister, bleibt mit seiner Kennzeichnung des „gelückes" wie die meisten Dichter der Zeit den wohlbekannten, herkömmlichen Vorstellungen verbunden. Bemerkenswerterweise bindet er das „gelücke" in einen universalen kosmischen Zusammenhang ein (den er auch in einem anderen gelehrten Gedicht entfaltet), würde man seiner doch überall bedürfen, „bî fiure, in lufte, ûf erde, in mer".[62] Im „wilden welzen" (dem unberechenbaren Rollen, das jede „zuoversiht", die Einschätzung dessen, was eintreten mag, zunichte macht) des *gelückes* erkennt er eine Macht, die den menschlichen „sinnen" – heißt dem Verstand, der Vernunft, menschlicher Einsichtsfähigkeit – Uneinsehbares, Verborgenes, Dunkles ist: „mit sinnen *unbegrîfeclich* / ist der ursprunc, ûz dem du kumst geslichen" – ohne dass hier ein Gedanke ausdrücklich auf die göttliche *providentia*, die freilich nicht weniger als das (scheinbar) beliebige Walten des Glücks unergründlich ist, anspielen würde.[63]

In den Texten ist *Unstaete* das geläufige Wort, mit dem meist auf das in seiner ‚Logik' undurchschaubare Wirken des Glücks, der Welt[64], Bezug genommen wird, wobei „unstaete" in mittelalterlichen Kontexten eine eindeutig ethische Kategorie umschreibt.[65] Es wird zumeist, in der üblichen Weise, im sich rasch drehenden Rad,

---

62 Der Kanzler, in: Carl von Kraus, *Liederdichter des 13. Jahrhunderts*, 2. Aufl., Tübingen 1978, S. 209.

63 Der Kanzler, a. a. O., S. 209 (H. d. m.). Bemerkenswert ist, dass schon im römischen Kaiserreich die *Providentia deorum* mit den Attributen der Fortuna ausgestattet ist, demnach eine Art historischer, zeichenhafter Identität besteht: Füllhorn und Globus.

64 „alsô gât diu welt hie mit uns umbe"!, schreibt Reinmar von Zweter.

65 Als Beobachtung sei hier nur angefügt, dass der Didaktiker Thomasin von Zirclaria, ein italienischer Kleriker, in seinem einflussreichen *Welschen Gast* dem schwankenden („unstaeten") Runden das sichere, nämlich durch die *Tugenden* ordentlich befestigte Viereckige – „wan ez baz an vier ekken stât" – also die *stabilitas* gegenüberstellt: Sozusagen bereits die *sedes virtutis quadrata*, auf der später auch die *Sapientia* in Petrarcas *De remediis utriusque fortunae* solide sitzt. Thomasins Schlüsselwort ist ebenfalls die *unstaete*, womit er zwar nicht *expressis verbis* das ‚Glück' meint, doch die Unberechenbarkeit des Weltenlaufs, wie ihn Fortuna verkörpert. Thomasin: „Unstætekeit verkêret

häufiger auch in der Scheibe (*schîbe*), symbolisiert. *Unstaete* wird immer wieder von vielen, dies nicht selten langatmig, oft entrüstet beklagt, z. B. von dem bekannten Spruchdichter Reinmar von Zweter, der das (gängige) Adjektiv bzw. Epitheton „sinewel" (rund) für die Form des Rades und für dessen unablässiges, kreisendes Bewegen wählt: Das Glück ist „rund": „Gelücke wenket unbesorget,/ez git vil manegem ê der zît/unt nimt hin wider waz ez gît:/ez toeret den, swem ez ze vil geborget."[66]

---

snelle / daz vierekke an sinewelle. / Daz sinwel si niht verlât, / wan ez baz an vier ekken stât. / Daz ist immer ir bezzer spil / daz si muotet des si niht enwil. / Der wandelung si nie bedrôz: / daz wênege machet si ze grôz, / daz grôze macht si aver kleine. / Nu loufet si, nu gêt si seine, / nu stîget si, nu vellt si nider, / hiut vert si hin, morgen wider, / nu hin ze gebirg, nu hin ze mer, / hiut ist si eine, morgn mit her, / nu hin ze holz, nu in der stat [...]". „Die Unbeständigkeit verkehrt allzu rasch / das Viereckige (Solide) ins Runde / das Runde [= das sich im Kreis Bewegende, Unbestimmte] gehört zu ihr." [...] Das Geringe macht sie zu groß / das Große macht sie wiederum klein [...] Jetzt steigt sie, nun fällt sie herab [...]". Thomasin hat hier die Fortuna (die er als „unstaete" in einem deutlich defizitären ethischen Sinn kennzeichnet) gemeint. Bei ihm ist die Treppe der Tugenden („stiege", „staphel"), die „zem obersten guot" (v. 5811) führt, ebenfalls aus festen Steinen gebildet (vgl. v. 5817ff.). Vgl. *Der wälsche Gast des Thomasin von Zirclaria*, hg. v. Heinrich Rückert, Quedlinburg 1852, vgl. v. a. V. 1855ff. und 5781ff., ebenso 5915ff.

66 Der Text sagt: „Gelückes rat ist sinewel, / im loufet maneger nâch, / doch ist ez vor im gar ze snel / und lât sich doch erloufen williclîch, / den ez beswîchen wil. / Swer stîget ûf/gelückes rat, der darf wol guoter sinne, / wie er behalte gelückes stat, / deiz unter im iht wenke: / wand ir daz rat hin ab im zucket vil. / Die müezen danne sigen mit unwerde, / wan sie mit schanden ligen ûf der erde: / Gelücke wenket unbesorget, / ez gît vil manegem ê der zît / unt nimt hin wider swaz ez gît: / ez toeret den, swem ez ze vil geborget." „Das Glück wankt, es schwankt unberechenbar, viele beschenkt es vor der Zeit und nimmt wieder weg, was es gegeben hat: Es macht zum Narren, dem es zu viel geborgt." Reinmar von Zweter, *Die Gedichte*, Amsterdam 1967, (Faks.-Neudr. d. Ausg.) Leipzig 1887, 91.1. „Sinewel" ist das am häufigsten genannte äußere Charakteristikum des Glücks im Sinne der Unbeständigkeit (wie bei Thomasin und generell). Vgl. z. B. auch Wolframs von Eschenbach *Willehalm* (dort 246,28), Ulrichs von Eschenbach *Alexander* (v. 5059), Johanns von Konstanz (*Minnelehre*, 2001) u. v. a. m. Hans Sachs verwendet gleichfalls noch „simbel" (für *sinewel*) als Ausdruck für das Wesen des Glücks. In positivem Sinn hat es Gottfried von Straßburg im *Tristan* bezüglich der Minnegrotte, des hoffernen Glücksortes der beiden Liebenden. Vgl. v. 16704ff.: „diu fossiure waere / sinewel, wît, hôch und ûfreht, / snêwîz, alumbe eben unde sleht." (Die Grotte war *rund*, weit, hoch und gerade gebaut/weiß wie Schnee, überall gleichmäßig und gerade.") Gottfried von Straßburg, *Tristan*, Mhd./Nhd. Nach dem Text von Friedrich Ranke mit

Überraschende oder gänzlich eigenwillige Perspektiven auf das Glücksthema weist die mittelalterliche Literatur nicht auf, sie bietet indessen verschiedentlich interessante Varianten (etwa hinsichtlich des Radsymbols)[67] oder sie greift, wie Gottfried von Straßburg in seinem Spruch vom „Gläsernen Glück", auf dem Mittelalter bekannte und genutzte antike Quellen zurück. Gibt Gottfried in seiner Kennzeichnung des Glücks zunächst hergebrachte Vorstellungen wieder, erweist sich sein in der Literatur kaum genutztes (z. B. noch bei Rudolf von Ems [*Alexander*] begegnendes) Bild, dass das Glück „glesîn" (gläsern) sei und leicht zerbreche, es nur eine „kranke veste" (geringe Beständigkeit) hat, „swenn ez uns under ougen spilt", als ein aus der Antike von Publilius Syrius ererbtes, nämlich die verbreitete Sentenz „Fortuna vitrea est; tum, cum splendet, frangitur".[68]

Als *Frouwe Saelde* erscheint die personifizierte Fortuna, wiederum in Anknüpfung an die Antike, als *occasio* u. a. bei Walther von der Vogelweide, der (bzw. das lyrische Ich) deren von der Stirn herabwallenden Haarschopf und also das Glück, die vielversprechende Gunst des Augenblicks, nicht zu ergreifen vermag,[69] wie behende er sich darum auch bemüht: „Frô Saelde teilet umbe sich / und kêret mir den ruggen

---

Stellenkommentar u. Nachwort hrsg. von Rüdiger Krohn, Bd. 1–2 (Text), Bd. 3 (Kommentar). Stuttgart 1998–2000.

67 So gab es, mittelalterlich, eine bemerkenswerte Bandbreite der Verwendung des Rads – bis hin, in der Literatur, zum bedrohlichen „Folterrad" in Reinbots von Durne *Der Heilige Georg*. Darin wird ein mit sieben scharfen Schwertern bestücktes Rad von Winden, demnach von einem *kosmischen* Geschehen, bewegt („swederhalp der wint wât,/dar nâch daz rat umbe drât", v. 3721 f.). *Der Heilige Georg Reinbots von Durne* (Germanische Bibliothek III,1), nach der Ausg. v. Carl von Kraus (Hg.), Heidelberg 1907.

68 Gottfried von Straßburg, „Das gläserne Glück", in: *Die deutsche Literatur. Texte und Zeugnisse: Mittelalter*, hg. v. Helmut de Boor, 1. Teilband, München 1965, S. 717. Vgl. Publilius Syrius, *Sententiae* F24. Dem vergleichbar ist das bekannte Bild vom Glück als einer Seifenblase: „Fortuna bulla est". Vgl. Hermann Beckby, Hg., *Die Sprüche des Publilius Syrus. Lateinisch - Deutsch*, München 1969.

69 Diese ‚Physiognomik' begegnet in der mittelalterlichen Literatur gelegentlich, wie hier bei Walther, häufiger in der bildenden Kunst. Die *occasio* ist auch ‚aalglatt', wie der spätmittelalterliche Dichter Meissner sie kennzeichnet: „Ich klage daz mîne sange, / daz du dich wilt gelîchen einem âle: / du windes dich durch mîne hant und verst von mir dâhin." (Der Meissner, *HMS* III). Die „Flucht" der *occasio* findet sich auch beim spätmittelalterlichen Dichter Rubin: „ich bin ir dicke nâhe komen: / sô flôch si mir mit listen vor."

zuo". […] „louf ich hin umbe, ich bin doch immer hinder ir: /si will mich niht angese-hen."[70] Der Haarschopf an der Stirn bezieht sich auf die traditionelle Charakteri-sierung der *occasio* (bzw. *kairos*): „fronte capillata post est occasio calva" u. a. in den *Disticha Catonis* aus dem 3. Jahrhundert, die dem Mittelalter sehr gut bekannt waren.

Bottega de Mantegna, Mitte 16. Jht.

---

70 Walther von der Vogelweide, *Werke*. Band 2: *Liedlyrik*, Mhd./Nhd., hg., üs. u. komment. v. Günther Schweikle, Stuttgart 1998, S. 126 (= L. 55,35). Ähnliche Klagen sind in der mittelalterlichen Literatur sehr weit verbreitet. Im Griechischen wird *occasio* durch Kairos (καιρός) verkörpert. In einem diesbezüglich einschlägigen Gedicht des Posi-dippos heißt es über Kairos: „'Warum denn in Gottes Namen hast du einen kahlen Hinterkopf?' / 'Wenn ich einmal vorbeigeflogen bin, wird mich keiner von Hinten er-greifen, so sehr er sich auch bemüht.'"

Neben zahlreichen anderen belegt das Lied Walthers, wie sehr auch in der mittelalterlichen Literatur mit Fortuna (dem „gelücke") Erfahrungen verknüpft bzw.
ihrem Wirken zugeschrieben werden, die in einem allgemeinen Verständnis das irgend
Unergründliche – „mit sinnen unbegrîfeclich/ist der ursprunc", um nochmals den
Kanzler zu zitieren, – eines nicht, zumindest nicht durchweg kalkulierbaren Weltenlaufs betreffen oder solche Ereignisse, deren Eintreffen (oder auch: Ausbleiben) nicht
absehbar bzw. in ihrer ‚Logik' menschlichem Verstand nicht nachzuvollziehen ist,
ohne dafür eine sie bewirkende ‚Macht' am Werk zu sehen. Die Klagen darüber sind
Legion.[71]

Wie bereits bei Thomasin von Zirclaria recht deutlich zu erkennen ist, scheint die
alte stoische Tradition auch in den mittelalterlichen Auseinandersetzungen mit dem
Wankelmut des Glücks, der Fortuna, produktiv weiter gewirkt zu haben. Eine Strophe
des Dichters Rubin beispielsweise läßt als Hintergrund das stoische Ideal der *Ataraxia*, der seelischen Gefaßtheit als hilfreiches Antidot, vermuten, wenn er, anderen
wie sich selbst rät, der „Frô Saelde" sprunghaftem Treiben mit „zühten" zu begegnen

„und nicht etwa zu verzagen.
Nieman an fröiden sol verzagen,
ob im sin dinc niht ebene gât:
er sol sîn leit mit zühten tragen.
mir selben gibe ich disen rât.
frô Saelde ist wilder danne ein rêch
und ist ouch wider mich gevêch.
ich volge ir allez ûf ir spor
und bin ir dicke nâhe komen:
ie flôch si mir mit listen vor."
(KLD XII)[72]

---

71   Vgl. aus der umfänglichen Reihe möglicher Beispiele etwa den Meissner: „Zwei Sprüche
      vom Glück". Sie beklagen in geläufiger Art zum einen die Unbeständigkeit des Glücks;
      zum anderen drücken sie die Hoffnung aus, vom Glück von den kommenden Sorgen des
      Alters befreit zu werden.

72   Carl von Kraus, *Liederdichter des 13. Jahrhunderts.*, 2. Aufl., Tübingen 1978. In der
      Übersetzung: „Niemand sollte seine Freude verlieren, wenn ihm seine Angelegenheit
      nicht wunschgemäß verläuft: Sein Leid möge er mit Haltung tragen. Ich gebe mir selbst
      diesen Rat. Frau Fortuna ist so schwer zu fangen wie ein Rehbock, außerdem ist sie mir

Bei einem weniger bekannten Dichter des 13. Jahrhunderts, Dietmar dem Setzer, wird Fortuna mit ihrem „gelückes rat" gemäß der etablierten theologischen Doktrin entschieden der Autorität Gottes unterstellt. Denn sie bewegt ihr Rad in göttlichem Auftrag: „swer übermuotes und unrehtes gewaltes pfligt, / den selben *got* vil gerne vallen lât" – Gott ist es, der *durch Fortuna* die Hochmütigen und Gewalttätigen seinem Willen gemäß fallen lässt (H. d. m.).[73]

Gott ist schließlich die alles Geschehende gebietende Instanz in dem spätklassischen Artusroman *Diu Crône* Heinrichs von dem Türlin,[74] selbst wenn zunächst die Göttin Fortuna mit ihrem eigenartigen Hofstaat in einem imposanten Palast im Vordergrund steht. Sie tritt in einer verblüffenden Szenerie auf. Als der arturische Musterheld Gâwein in den glanzvollen Saal eintritt, in dem die Göttin „ûf einem rade hôch erhaben" mit ihrem „kint", dem „Heil", sitzt, geschieht ausnehmend Seltsames. Die rechte Seite der Göttin ist „reich geschmückt", der gesamte Raum zu seiner rechten Seite hin „nâch vröuden gestalt", links dagegen von fahler Farbe, ärmlich ausgestattet ebenso wie die zur Linken befindlichen Menschen („swach", „jaemerlîch" usw.). Gâweins Erscheinen bewirkt nun unvermittelt („nû") eine völlige Verwandlung des verwunderlichen Ortes. Unversehens „stuont stille daz rat", das gerade noch von starken Winden heftig gedreht wurde und mit ihm diejenigen, die an ihm „hiengen" und entweder „manegen vrum" erfahren oder „manegen schade" erleiden mussten.[75] Und „Vrou Saelde", eben noch eine *Fortuna bifrons*, in ihrem Gesicht zugleich dunkel und

---

feindlich gesinnt. Ich folge ihrer Spur und bin ihr oft nahe gekommen: immer ist sie mir schlau entkommen!"

73 Vgl. Dietmar der Setzer, „Fortuna im Dienst Gottes", in: de Boor, a. a. O., S. 719f. Ähnlich Johann von Ringgenberg: „Gelückes rat niht stille stât", in: de Boor, a. a. O., S. 721. Johann bedauert in Fortunas Wirken („gelückes rat") die „grôz unstaete" der *Welt* (wie auch Reinmar) im Ganzen. Kritisch äußerst sich Meister Kelin, dass die vom „himelrîche" kommende „rîche saelde" nicht zwischen den „wol gemuoten" und den „argen" zu unterscheiden vermag und wiederholt damit einen altbekannten Topos. Er hegt aber die Hoffnung, dass dereinst die „verschamten argen" (die Schamlosen) am Ende auch (verdientermaßen, wie Kroisos in der *consolatio* des Boëthius, II. Buch) mit „schanden alten" werden. Vgl. de Boor, a. a. O., S. 721.

74 Heinrich von dem Türlin, *Die Krone* (Verse 12282–30042). Nach Vorarbeiten von Fritz Peter Knapp u. Klaus Zatloukal, hg. v. Alfred Ebenbauer u. Florian Kragl, Tübingen 2005.

75 Der Dichter gibt hier eine ganz konventionelle, den mittelalterlichen Wahrnehmungen und Darstellungen Fortunas entsprechende Beschreibung des Rades.

hell, erlebt eine instantane „wandelunge": „und wart vrou Saelde gelîche gevar, / überal schoene unde clâr."[76] Auf einmal wird ihr Antlitz ganz und gar schön und hell, verliert sie, was doch ihren zwiespältigen Charakter äußerlich fundamental ausmacht. Sie verspricht Gâwein um seiner „zuokunft" willen „alle saelden",[77] allerdings nur, soweit die „werltsachen" (die weltlichen Angelegenheiten) betroffen sind, die „vrou Saelde", gleichsam in höherem Auftrag, noch mit zu beeinflussen vermag. Zum Abschied schenkt sie ihm einen Ring der „saelekeit", durch dessen Macht auch Artus' Haus und Hof „êwic und [...] veste" erhalten bleiben werden. Es irritiert, dass Vrou Saelde Gâweins ‚Glück' ohne jegliches Zögern ganz und gar dessen *eigener* Führung, allein seinem Willen und Wollen unterstellt: „du solt ouch *selbe* walten / an allen dingen wunsches gar." (v. 15921 f., H.d.m.). Hatte sie ihn mit den Worten „Wis mir [...] und gote willekomen!" empfangen, befiehlt sie zum Abschied den Helden, und mit ihm Artus, „got", dem eigentlichen Lenker allen Geschehens und des Weltenlaufs, der beide fürderhin beschützen möge. Nun ist an dieser von ihrem Autor gegen alle üblicherweise mit Fortuna verbundenen Erwartungen gestalteten Episode in der (im Ganzen recht wunderselig-bizarren) *Crône* beachtenswert, daß allein Gâweins bloße Anwesenheit genügt, das in seinem ewigen Drehen („walgern") schicksalmächtige Rad sogleich und ohne jede aktive eingreifende Tat, wie dies dann im 15. Jahrhundert als häufiges, ja als zentrales Motiv vorkommen wird, zum Stillstand zu bringen. Dabei ist es hier schwierig zu befinden, ob dies völlig Unerwartbare aufgrund der fortwährend bewiesenen *Tugendhaftigkeit* des idealen Helden bewirkt wird – jedenfalls gelingt es Gâwein allein kraft seiner Gegenwart, den schieren, ja blind ablaufenden Mechanismus des Auf und Ab, des Gebens und Nehmens, des Erhöhens und Erniedrigens still zu stellen. Ließe sich dies als ein Sieg der „staete" (*constantia*) beweisenden Tugendliebe des Helden über das regellos-kontingente Walten des „gelückes", ließe sich demnach der Text als die von den ‚klassischen' Ethiken immer angemahnte Durchsetzung einer ‚guten Lebensführung' über das von menschlichem Willen und Wollen gänzlich unabhängig Geschehende, Zufällige lesen?

Viele mittelalterliche Romane werden strukturell und inhaltlich, in ihrem Aufbau wie in den in ihnen erzählten Geschichten vom zentralen Struktur- bzw. Handlungs-

---

76 Fortuna wird – ähnlich wie in der Abbildung zu Boëthius' *De consolatione* und auch sonst oft – mit einer dunklen und einer hellen, einer hässlichen und schönen Gesichtshälfte dargestellt.

77 Wobei grundsätzlich *saelde* das gottgegebene Glück ist.

element der *âventiure* geprägt. *Âventiure* ist die primär um des Gewinns weltlichen Ansehens (= weltliches Glück; Prestige) willen zu bestehende (durchaus existentielle, fast immer auch den Tod als mögliche Folge einschließende) Herausforderung an einen ritterlichen Akteur, um nach deren erfolgreichen Abschluss als *miles electus* zu gelten, in die Artusrunde aufgenommen oder Herr eines Landes zu werden. *Âventiuren* lassen sich entsprechend als „(günstiger) Augenblick", durchaus als *occasio*, als ein Wagnis verstehen, das es in seinen Möglichkeiten zu ergreifen gilt – wo immer, wann immer und unter welchen Bedingungen es sich jemandem entgegen stellt.[78] Die *âventiure* kann über beides, Glück und Unglück, Wohl und Wehe der persönlichen ‚Karriere', d. h. über das eigene gesellschaftliche ‚Ansehen' (*êre*) bzw. dessen fatalen Verlust (*schande*) entscheiden, ohne dass es ein Drittes gäbe. Der ritterlichen *âventiure* wohnt (scheinbar) wie dem wetterwendischen Glück („gelücke") das Moment des in ihrem Verlauf Nichteinsehbaren, Unberechenbaren, in ihrem Ausgang nicht Abschätzbaren inne. Dessen ungeachtet gelangen die Helden, trotz des eigentlich, qua Definition, unabsehbaren Ausgangs einer *âventiure* und trotz der ihnen zugemuteten existentiellen Gefährdungen, an das ihnen von ihrem Autor bestimmte Ziel, es sei der Gewinn eines Landes, es sei die Erringung der Gralherrschaft usf. Insofern ist die *âventiure* eine Art Probe nicht auf die unkalkulierbare ‚Logik' des Glücks, sondern auf die je *individuell* zu prüfende *Glückswürdigkeit* eines Helden. Sie ist nicht so sehr ein hinsichtlich seines Ausgangs uneinschätzbares Existential, eher ist sie ein nur formales, gleichsam künstliches, ein literarisches Strukturelement, das die Uneinschätzbarkeit des Ausgangs einer Handlung lediglich scheinhaft inszeniert. Insofern waltet auch hier die *providentia*, nicht bloßer Zufall, nicht die prinzipiell – zum Glück oder zum Unglück, zum Gelingen oder aber Versagen hin – ‚offene' Lösung.[79]

---

78 „Mit […] *abenteuer* nun verknüpft sich stets die vorstellung eines ungewöhnlichen, seltsamen, unsichern ereignisses oder wagnisses, nicht nur eines schweren, ungeheuern, unglücklichen, sondern auch artigen und erwünschten." *Deutsches Wörterbuch von Jacob und Wilhelm Grimm*: http://germazope.uni-trier.de. *Das Mittelhochdeutsche Handwörterbuch von Matthias Lexer* erläutert *âventiure* so: Eine „begebenheit, bes. eine wunderbare; wagnis, zufälliges, bes. glückliches (aber auch unglückliches) creignis, schicksal; […]." Das Wörterbuch ebenfalls unter http://germazope.uni-trier.de.

79 Vgl. a. Franz Josef Worstbrock, „Der Zufall und das Ziel. Über die Handlungsstruktur in Gottfrieds ‚Tristan'". In: *Fortuna*, hg. v. Walter Haug/Burghart Wachinger (Fortuna vitrea 15), Tübingen 1995, S. 34–51. Es wäre in diesem Zusammenhang ausführlicher auf das Thema der ‚Kontingenz' einzugehen, was hier nicht möglich ist.

Spürbar bleibt in den (literarisch entfalteten) Glückskonzeptionen des Mittelalters, selbst in Fällen des ‚literarischen Paganismus', womit das Nachwirken nichtchristlicher Elemente in der Literatur gemeint ist, die insbesondere von Boëthius intellektuell nachhaltig mit geleistete Überwindung von Fortuna/Tyche durch ihre Subordination unter die Gesetze des göttlichen Heilsplans – innerhalb dessen ihr Tun *bloß geduldet* wird, gewissermaßen als eine innerweltliche Probe auf die *wahre* Glücksfähigkeit und Glückswürdigkeit der Menschen. Dies wird in der Literatur ausgiebig und zumeist sehr problembewusst reflektiert. Deutlich z. B. in Hartmanns von Aue *Iwein*, einem der großen, einflussreichen ‚klassischen' Artusepen des Mittelalters: In seinem Prolog wird nachgerade programmatisch die in einem ethischen Sinn leitbildhafte Lebensführung des Königs Artus als (weltliches, historisches) Vorbild gepriesen, wo immer, wann immer es in ‚arthurischem Geist' *saelde* und *êre* (Glück und Ansehen) zu gewinnen gilt. Der Epilog lässt aber keinen Zweifel daran, dass wahres Glück (*saelde*) allein innerhalb der christlichen Heilsordnung erlangt, wenn nicht ‚geschenkt' werden kann: „wan got gebe uns saelde und êre".[80]

IX.

Selbstverständlich ging die Geschichte des ‚rasend-frechen' Weibs, der Göttin Fortuna, weiter, dies unermüdlich, nahezu ungebrochen und recht variantenreich in Literatur und Kunst. Ausgiebig wird sie nachmittelalterlich als literarisches Motiv bemüht,[81] weiterhin wird sie intensiv vor allem in moralischer Hinsicht und in gewichtigen philosophischen Diskursen traktiert. Gründlich unternimmt dies, neben vielen anderen, der italienische Humanist Francesco Petrarca in seinem weit verbreiteten, äußerst populären *De remediis utriusque fortunae* (1354–1367), in dem er, an die philosophische Tradition, insbesondere an Seneca bzw. die Stoa im allgemeinen anknüpfend, der

---

80 Hartmann von Aue, *Iwein*, in: Hartmann von Aue, *Gregorius, Der Arme Heinrich, Iwein*, hg. u. üs. v. Volker Mertens, München 2008, v. 3f. (Prolog) u. v. 8162 (Epilog).

81 Eine große Anzahl von Textbeispielen zum Thema ‚Glück', ‚Zufall' usw. in der europäischen Literatur findet sich u. a. bei Samuel Singer/Ricarda Liver, *Thesaurus Proverbiorum Medii Aevi. Lexikon der Sprichwörter des romanisch-germanischen Mittelalters*, Berlin/New York 1995. Vgl. a. Hans Walther, *Proverbia sentientiaeque Latinitatis medii aevi. Lateinische Sprichwörter und Sentenzen des Mittelalters in alphabetischer Anordnung*, T. 2 (*Carmina medii aevi posterioris Latina II 2*) Göttingen 1964.

Fortuna entschieden die *virtus* (*virtù*) bzw. ausdrücklicher die *sapientia* (Weisheit) als diejenige Kraft entgegen stellt, die allein Glück zu geben und es auch dauerhaft zu garantieren vermag.[82]

Fortuna et Sapientia, Speculum sapientiae. Aus F. Petrarca,
Des remèdes de l'un et l'autre fortune prospère et adverse, Paris 1524

---

82   Im Vorwort heißt es: „Sic autem ad legendum venies, quasi quattuor illae famosiores et conanguinae passiones animi: spes seu cupiditas, et gaudium, metus et dolor, quas duae / sorores aequis partibus prosperitas et aversitas peperere, hinc illinc humano animo insultent; quae vero arci praesidet ratio, his omnibus una respondet clipeoque et galea scisque artibus et propria vi, sed caelestis magis auxilio circumfrementia hostium tela discutiat. Ea mihi de tuo ingenio spes est, und victoria stet, facile iudices." Francesco Petrarca, *Opera quæ extant omnia*, Tomus I, Basileæ 1554 (Praefatio). Francesco Petrarca, *De remediis utriusque fortunae*. Zweisprachige Ausgabe in Auswahl, üs. u. komment. v. Rudolf Schottlaender, München 1975, S. 70. Für Petrarca steht, ganz in der Tradition der stoizistischen Lehre, die Affektbeherrschung im Vordergrund. Vgl. dazu a. Edgar Wind, *Heidnische Mysterien in der Renaissance*, 2. Aufl. Frankfurt a. M. 1984. Zu Fortuna und Sapientia vgl. Wind, a. a. O., S. 122f. mit Anm. 15 und 16.

Die Intensität, mit der in der Renaissance Fortuna als Thema traktiert wird, hat ohne Zweifel Gründe darin, dass gerade diese so emphatisch antikeorientierte Epoche mancherlei alte, schon kaum mehr vertraute Attribute der über Jahrhunderte hinweg mit aufwendigen Argumenten und Strategien entgöttlichten Göttin hervor bringt und sie selbst bemerkenswert präsent ist. Andere werden ihr, aufgrund neuer, bislang unbekannter Wirklichkeitserfahrungen, neu gegeben wie zum Beispiel das Segel als Zeichen des längst weltläufig expandierenden maritimen Handels. Doch auch die tiefe Skepsis gegenüber Fortuna, freilich nicht minder nach wie vor die untilgbare, immer wieder neu aufkeimende Hoffnung auf ihr – vielleicht – plötzlich und unerwartet glückspendendes Wirken (*bona Fortuna*), blieb unerschütterlich erhalten.

In gesellschaftlichen Bereichen wie seit der Mitte des 15. Jahrhunderts in dem umtriebigen Kaufmannsstand besonders stark ausgeprägt, gewinnt die *alte* Fortuna wieder signifikante Gestalt als Verkörperung bzw. Verursacherin: Von Unwettern, verderblichen Stürmen auf den stets unsicheren Meeren, die als unkontrollierbare Naturgewalten ihre Unberechenbarkeit anzeigen[83] – mithin eine alltägliche Erfahrung vornehmlich der *mercatores* und die mit kluger Bedachtsamkeit, Geschicklichkeit und Vorsicht immer mit einzukalkulierende Bedingung ihrer weltläufigen, risikoreichen Geschäfte. Für sie war es besonders geboten, den glücklichen, heißt den Vorteile oder Gewinn versprechenden günstigen Augenblick, also den richtigen *Zeitpunkt* im Sinne der *occasio* zu bestimmen, die zahlreichen Risiken klug zu mindern, um eine *ventura*, ein kaufmännisches Unternehmen, gleichsam eine merkantile *âventiure*, mit kühl abwägender Entschlossenheit erfolgreich abzuschließen und nicht etwa glücklos, weil auf das Ungewisse unvorbereitet, in einer verlustvollen Havarie zu enden.[84]

---

83 Womit, vor allem in der Literatur, auch der des Mittelalters, ein für das *Kontingente* besonders prädestinierter (Natur-)Raum markiert wird. Vgl. a. den Beitrag von M. Herweg in diesem Band. Ohnedies sind Meer und Schifffahrt seit jeher opulente Bildstifter für Schicksal- und Glücks- bzw. Unglücksmetaphern (generell: *Daseinsmetaphern*), bereits in der mittelalterlichen Literatur. Vgl. dazu u. a. Sabine Mertens, *Seesturm und Schiffbruch. Eine motivgeschichtliche Studie*, Rostock 1987; Hans Blumenberg, *Schiffbruch mit Zuschauer. Paradigma einer Daseinsmetapher*, Frankfurt a. M. 1997. Peter Paul Rubens hat dies mit seinem Gemälde *Fortuna maris* eindrucksvoll dargestellt.

84 *Kairos* wird, wie oben schon ausgeführt wurde, als der „rechte Zeitpunkt" angesehen. Er verkörpert die richtige, erfolgversprechende Gelegenheit, etwa um einen Auftrag zu erfüllen (oder auch: in der Liebe zu reüssieren [*Fortuna amoris*]).

H. Carpani, Commentaria absolutissima in alteram iuris municipalis partem,
quae nouissima dicitur ..., Francoforti, sumptibus Nicolai Bassaei 1600.

Immer wieder ist Fortunas unkalkulierbares Treiben in politischen Geschäften, in der
Geschichte zu beobachten, wenn sie in der altbekannten Weise jemandem zur Macht
verhilft oder noch die mächtigsten Herrscher unerwartet in die Bedeutungslosigkeit
abstürzen lässt. Der kreisenden Bewegung des Rades entsprechen in den mittelalterlichen Bildprogrammen die Zustände *regnabo* (ich werde herrschen), *regno* (ich herr-
sche), *regnavi* (ich herrschte), *sum sine regno* (ich bin ohne Herrschaft, ohne Königreich), vereinzelt treten noch *timor* und *spes* hinzu.

Ein augenfälliges Beispiel dafür gibt die bildliche Darstellung Tankreds von Lecce und des deutschen Kaisers Heinrichs VI. im *Liber ad honorem Augusti* des Petrus von Eboli aus dem Jahr 1196. Sie zeigt das Rad der Fortuna mit Heinrich VI. über Tankred triumphierend.[85]

Selbst die im Mittelalter weit verbreiteten, seriös-lehrhaften Fürstenspiegel wie z. B. der bekannte *Liber de rectoribus Christianus* des Sedulius Scottus, verweisen nachdrücklich auf die Fragilität wie den raschen, oft unerwarteten Wandel weltlicher Herrschaft. Sedulius spricht darin bedeutungsschwer von den Weisen („sapientes"), denen die „zeitlich flüchtige Herrschaft dieser Welt" dem „Schwung des beweglichen Rades", womit er, ohne sie beim Namen zu nennen, das Rad der Fortuna meint, ähnlich sei. Das Rad aber werfe das Obere „bald" ab und hebe das Unterste in die Höhe empor.[86]

Dieser Erfahrung war man sich z. B. noch im Florenz des 15. Jahrhunderts sehr wohl bewusst: So wurde um 1400 über der Tür der *sala dei Priori* im Palazzo Vecchio die Darstellung eines Fortunarades mitsamt eines sie eingehend kommentierenden Sonetts angebracht. In diesem werden die jeweiligen Inhaber des hohen Amtes ermahnt, sich in ihrer Stellung nicht allzu zuversichtlich fühlen zu sollen.[87]

---

85 Ausführlich Sibyl Kraft, *Ein Bilderbuch aus dem Königreich Sizilien. Kunsthistorische Studien zum* Liber ad honorem Augusti *des Petrus von Eboli* (*Codex* 120 II *der Burgerbibliothek Bern*), Weimar u. Jena 2006. Diese Bildformel begegnet äußerst häufig im Zusammenhang mit der Fragilität von politischer Herrschaft. Freilich hat Heinrich VI. erst Tankreds Sohn Wilhelm III. im Jahr 1194 besiegen können.

86 Sedulius Scottus, *Liber de rectoribus Christianus. Werk über die christlichen Herrscher*, in: *Fürstenspiegel des frühen und hohen Mittelalters*, hg. v. Hans Hubert Anton, Darmstadt 2006 (= *Ausgewählte Quellen zur deutschen Geschichte des Mittelalters. Freiherr-vom-Stein-Gedächtnisausgabe*, Bd. 45), S. 113f. In der Gegenüberstellung von zeitlich-irdisch flüchtiger Herrschaft („huius saeculi momentaneum") und der ‚wahren', nämlich der ewigen Herrschaft („verum regnum […], quod in sempiternum perdurat", a. a. O., S. 114), wird der machtvolle, über Jahrhunderte anhaltende Einfluss der augustinischen Geschichtsphilosophie, die irdische und jenseitige Herrschaft einander gegenüber stellt und die irdische als defizitär betrachtet, deutlich bemerkbar. Interessant sind in diesem Zusammenhang die Ausführungen des Sedulius im XVI. Buch über das Unglück in der Herrschaft. Vgl. a. den Spruch von Reinmar von Zweter „Ich sach gemâlt an einer want", der diesen Wechsel der Herrschaft durch Fortunas Macht schildert. In: de Boor, a. a. O., S. 717.

87 Vgl. dazu Philine Helas, *Lebende Bilder in der italienischen Festkultur des 15. Jahrhunderts*, Berlin 1999, S. 81ff.

Rota fortuna: Heinrich VI. triumphiert über Tancred
Heinrich VI., die sieben Tugenden und Fortuna, Cod. 120 II, fol. 146 r (Ausschnitt)

Göttin Fortuna (*Carmina Burana*)

Nüchterne Zeitgenossen, man mag sie bereits „aufgeklärt" *avant la lettre* nennen wie z. B. den Straßburger Humanisten Sebastian Brant,[88] verhöhnen jene ‚Dummen', die sich auf die fragwürdigen Regeln eines Gewinn nicht garantierenden Spiels der Fortuna ohne jeglichen Verstand, demnach „unvernünftig" einlassen, als Narren und törichte Esel.

Jakob Locher: Zu Brants Narrenschiff, 1497[89]

Bei Urs Graf ist die einst mächtige, menschliche Schicksale nach ihrem Belieben bestimmende, scheinbar wahllos Glück wie Unglück bringende Fortuna zu einer buhlerischen (mit entsprechenden vestimentären Accessoires versehenen) Dirne herab-

88 Brant war Petrarcas *De remediis utriusque fortunae* nachweislich bekannt.

89 Wie in der Darstellung Jakob Lochers. Vgl. Sebastian Brant, *Das Narrenschiff*. Übertr. v. H. A. Junghans, durchges. u. m. Anm. sowie e. Nachw. neu hg. v. Hans-Joachim Mähl, Stuttgart 1978 (*Von gluckes fall*, XXXVII), S. 133ff.; vgl. a. Michael Rupp, *‚Narrenschiff' und ‚Stultifera navis'. Deutsche und Lateinische Moralsatire von Sebastian Brant und Jakob Locher in Basel 1494–98*, Münster/Berlin u. a. 2002 (= *Texte und Untersuchungen zum Mittelalter und zur frühen Neuzeit 3*).

gesunken.[90] Hier gibt es wohl inhaltlich-motivische Beziehungen zu Albrecht Dürers *Großer Nemesis*.

Bei Albrecht Dürer verbindet sich das undurchschaubare Walten der Fortuna interessanterweise mit dem Aspekt der (anthropologisch seit je zumal als *weibliches Charakteristikum* angesehenen) Triebhaftigkeit bzw. der Aufforderung, die Leidenschaften zügeln zu sollen.[91] An der Depravierung der Göttin wie bei Sebastian Brant oder gar ins Obszöne abgleitend bei Urs Graf und manchen anderen, sind zweifellos Impulse mit beteiligt, die eine drastische Wendung in der (philosophischen, d. h. vorzugsweise moralphilosophischen) Einstellung gegenüber Fortuna und in der Konsequenz auch im zeitgenössischen Bildprogramm der Fortuna anzeigen. Beachtenswert ist dabei vor allem die Verknüpfung der Fortuna-Figur mit der eben angesprochenen Affektbeherrschung. Man griff als Remedien gegen das schwankende Glück einmal mehr auf die von der antiken Philosophie (insbesondere der Stoa) empfohlenen Tugenden wie *modestia* (Bescheidenheit), *sapientia* (Weisheit), *temperantia* (Mäßigung) zurück,[92] spitzte das Thema aber eigentümlich zu bzw. konzentrierte es, literarisch wie bilddramaturgisch, auf eine scharfe Konfrontation von *weiblicher* Affektverfallenheit und *männlicher* Tugendhaftigkeit bzw. Herrschaft (wie in der Darstellung des Fortuna gewalthaft disziplinierenden Herakles).[93]

---

90 Vgl. Christiane Andersson, „Jungfrau, Dirne, Fortuna. Das Bild der Frau in den Zeichnungen von Urs Graf", in: *kritische berichte* 16/1 (1988), S. 26–42. Anzumerken ist, dass Urs Graf das Motiv der Kugel mit der darauf stehenden Fortuna, mehrfach verwendet hat, u. a. auch in einer Zeichnung mit dem Titel „Törichte Jungfrau" von 1513.

91 Ausführlicher: Maike Christadler, „Abwesend anwesend. Spuren des Künstlers in der Kunstgeschichte und in seinem Werk", in: Kaspar von Grayerz, Hg., *Selbstzeugnisse in der Frühen Neuzeit. Individualisierungsweisen in interdisziplinärer Perspektive*, München 2007, S. 63–77.

92 Vgl. zum Nachwirken stoizistischen Denkens bzw. zum Aufkommen des Neostoizismus kenntnisreich Günter Abel, *Stoizismus und Frühe Neuzeit: zur Entstehungsgeschichte modernen Denkens auf dem Feld der Ethik und Politik*, Berlin 1978.

93 Beispielhaft wäre Martin Opitz' *Trostgedichte in Widerwertigkeit deß Kriegs* zu nennen, worin es heißt: „Viel eher noch das Glück, als wie ein Weibesbild, / Die ihres Fleisches Lust bald hier und da bald stillt, / Begehrt den, der sie haßt, und haßt, der sie begehrt, / Liebt keinen immerfort; so wird es auch verkehrt, / Schlägt augenblicklich umb. Es ist der Lauff der Welt, / Diß fällt und jenes steigt, diß steigt und jenes fällt." Martin Opitz, *Weltliche und geistliche Dichtung*, hg. von Dr. H. Oesterley, Berlin u. Stuttgart 1889.

Urs Graf, Die Dirne Fortuna

Herakles als *Domitor Fortunae* züchtigt Fortuna, M. A. Raimondi, fr. 16. Jht.[1]

Für diese Haltung findet sich im 15./16. Jahrhundert eine ansehnliche Reihe bemerkenswerter Erörterungen, etwa in Niccolò Macchiavellis *Il Principe*. Darin heißt es mit unüberhörbar aggressivem Ton: „Ich schließe also, da das Glück wechselt, die Menschen aber auf dem eingeschlagenen Wege verharren, daß sie nur so lange Glück haben, als Schicksal und Weg übereinstimmen, dagegen Unglück haben, sobald ein Mißklang entsteht. Gerade hier aber meine ich, daß es besser sei, *ungestüm als vorsichtig* zu sein, *denn Fortuna ist ein Weib, und wer es bezwingen will, muß es schlagen und stoßen*; [...]".[94]

Dem im 15. Jahrhundert höchst prominenten Thema der durch die *virtù* bzw. durch männliche, kraftvolle Herrschaft gefügig gemachten Fortuna hat sich dezidiert erstmals wohl Eneas Piccolomini in seinem *Somnium de Fortuna* eingängig gewidmet. Eine markante Bildchiffre ist, auf Bildern wie z. B. auch auf Fassaden oder in

---

94 Niccolò Macchiavelli, *Il principe / Der Fürst*, aus dem Italienischen von Friedrich von Oppeln-Bronikowski, Frankfurt a. M. 1990, S. 120 (H. d. m.)

tableaux vivants, das meist durch Gewalt in seinem Kreisen arretierte Rad der Fortuna.[95]

Neben vielen, kaum aufzählbaren anderen,[96] bedient sich noch, um hier nun einen doch etwas brüsken Abschluss zu finden, Bertolt Brecht in der „Ballade" („Lied vom Wasserrad"), in *Die Rundköpfe und die Spitzköpfe*[97] des Symbols des Glücksrads. Er gibt ihm freilich eine (bei Brecht erwartbare) andere Wendung, durch die das scheinbar nicht aufzuhebende Machtspiel des Rades endlich doch aufgehoben und das Wasser ‚befreit' wird. Heißt es zunächst in einer früheren Fassung: „Freilich dreht das Rad sich immer weiter / Daß, was oben ist, nicht oben bleibt. / Aber für das Wasser unten heißt das leider / Nur: daß es das Rad halt ewig treibt.",[98] wird in einer späteren Version das ewige Drehen des eigenmächtigen Rades gleichsam arretiert, allerdings nicht mehr, wie im 15. Jahrhundert, durch das Wirken der Tugenden oder herakleisch-gewalthaft, sondern durch den Widerstand des sich seiner Verknechtung ‚bewußt' werdenden Wassers selbst: „Denn dann dreht das Rad sich nicht mehr weiter, / Und das heitre Spiel, es unterbleibt, / Wenn das Wasser endlich mit befreiter / Stärke seine eigne Sach' betreibt."

95 Vgl. zu diesem Thema und Motiv im 15. Jahrhundert die ausführliche Studie von Jeanette Kohl, *Fama und Virtus. Bartolomeo Colleonis Grabkapelle*, Berlin 2004 (zu Piccolomini S. 214). Dort findet sich auch die einschlägige Stelle bei Eneas Piccolomini zitiert, zudem werden mehrere eindrucksvolle ikonographische Beispiele für das Motiv des *domitor fortunae* gegeben. Vgl. bei Kohl z. B. S. 177ff.

96 Vgl. z. B. Klaus Reichert, Fortuna oder die Beständigkeit des Wechsels, Frankfurt a. M. 1985; Jörg Jungmayr, Joseph P. Strelka, Hgg., „Virtus et fortuna". Zur deutschen Literatur zwischen 1400 und 1720. Festschrift für Hans-Gert Roloff zu seinem 50. Geb., Bern 1983. Zu erinnern wäre, lediglich beispielhaft, an Otto Julius Bierbaums Gedicht „Dir, Frau Fortuna mit der Distel, widme ich dies Buch". Vgl. Otto Julius Bierbaum, Gesammelte Werke. Band 1: Gedichte, München 1921, S. 262–263: „Du bist mein Glück: die nackte Bäuerin,/ Die kugeltanzen kann und Disteln trägt: / Derb, doch gelenkig, deutsch von dazumal, / Als Grazie mit der Schwere sich vertrug Und Lust mit Frömmigkeit. Ich liebe dich, / Die stets mich schlug, wenn sie zu schenken kam, / Und, wenn sie mich beraubte, streichelte." (1. Strophe, H. d. m.).

97 „Die Rundköpfe und die Spitzköpfe oder Reich und Reich gesellt sich gern. Ein Greuelmärchen" (1938: „Lied der Nanna"). 1951 wurde die Ballade unter dem Titel: „Das Lied vom Wasserrad" überarbeitet in die Gedichtsammlung „Hundert Gedichte" aufgenommen.

98 (GW 3, 1008). So die „endgültige Fassung" (GBA 14, 568) mit ihrem Refrain.

In den Vereinigten Staaten brachte es Fortuna, jedenfalls ihr markantes Symbol, seit 1971 zu kapitaler televisionärer Prominenz in der äußerst populären TV-Sendung *Wheel of Fortune*. Freilich wird das Rad nun von den Glücksuchenden selbst gedreht, wobei hier nicht zuletzt das Geschick der Drehenden eine Rolle spielt, ob es ihnen wohl zum ‚Glück', dem ganz weltlichen Glück der Dinge, des Geldes, der Reisen gereicht – oder nicht.

Bibliographie

Abel, Günter, Stoizismus und Frühe Neuzeit: zur Entstehungsgeschichte modernen Denkens auf dem Feld der Ethik und Politik, Berlin 1978

Adelung, Johann Christoph, Versuch eines vollständigen grammatisch-kritischen Wörterbuches Der Hochdeutschen Mundart mit beständiger Vergleichung der übrigen Mundarten, besonders aber der oberdeutschen, 1. Aufl. Leipzig 1775

Andersson, Christiane, „Jungfrau, Dirne, Fortuna. Das Bild der Frau in den Zeichnungen von Urs Graf", in: *kritische berichte* 16/1 (1988), S. 26–42

Aristoteles, *Die Nikomachische Ethik*, üs. u. hg. v. Olof Gogon, München 1967.

Augustinus, Aurelius, De libero arbitrio / Der freie Wille, in: Augustinus Opera / Werke, Paderborn 2006, Bd. 9

Beckby, Hermann, Hg., Die Sprüche des Publilius Syrus. Lateinisch – Deutsch, München 1969

Bierbaum, Otto Julius, *Gesammelte Werke. Band* 1: *Gedichte*, München 1921

Blumenberg, Hans, Schiffbruch mit Zuschauer. Paradigma einer Daseinsmetapher, Frankfurt a. M. 1997

Boëthius, A. M., *De consolatione philosophiae. Trost der Philosophie*, Lat.-dt., hg. v. Ernst Gegenschatz u. Olof Gigon, München u. Zürich 2004

Brant, Sebastian, *Das Narrenschiff.* Übertr. v. H.A. Junghans, durchges. u. m. Anm. sowie e. Nachw. neu hg. v. Hans-Joachim Mähl, Stuttgart 1978

Carmina Burana. Vollständige Ausg. d. Orig.textes nach d. v. Bernhard Bischoff abgeschlossenen krit. Ausgabe v. Alfons Hilka u. Otto Schumann. Übers. d. lat. Texte v. Carl Fischer, d. mittelhochdt. Texte v. Hugo Kuhn. Anmerkungen u. Nachw. v. Günter Bernt, 5. Aufl. München 1991

Christadler, Maike, „Abwesend anwesend. Spuren des Künstlers in der Kunstgeschichte und in seinem Werk", in: Kaspar von Grayerz, Hg., *Selbstzeugnisse in der*

Frühen Neuzeit. Individualisierungsweisen in interdisziplinärer Perspektive, München 2007, S. 63–77

Cicero, M. T., *De divinatione. Über die Wahrsagung*, üs. u. hg. v. Christoph Schäublin, Zürich 1994

Cicero, M. T., *Über das Fatum (De fato)*, lat.-dt. hrsg. u. übers. v. K. Bayer, 3. Aufl. München/Zürich 1980

Der Heilige Georg Reinbots von Durne (Germanische Bibliothek III,1), nach der Ausg. v. Carl von Kraus (Hg.), Heidelberg 1907

Der wälsche Gast des Thomasin von Zirclaria, hg. v. Heinrich Rückert, Quedlinburg 1852

Die Bildtafel des Kebes. Allegorie des Lebens, eingel. üs. u. mit interpretierenden Essays versehen v. Rainer Hirsch-Luipold u.a., Darmstadt 2005

Die deutsche Literatur. Texte und Zeugnisse: Mittelalter, hg. v. Helmut de Boor, 1. Teilband, München 1965

Die Fragmente der Vorsokratiker. Griechisch und Deutsch von Hermann Diels, hg. v. Walther Kranz, Bd 1, mit e. Nachtrag v. W. Kranz, 6. Aufl. Hildesheim 1951

Doren, Alfred, *Fortuna im Mittelalter und in der Renaissance*, in: Fritz Saxl, Hg., *Vorträge der Bibliothek Warburg*, Bd. 2, 1.T., Nendeln 1967 (zuerst Leipzig 1922/23), S. 71–145

Forschner, Maximilian, *Die stoische Ethik*, Stuttgart 1981

Galent-Fasseur, Valérie, „Des deux arcs d'Amour à la maison de Fortune: grâces et disgrâces selon le Roman de la Rose", *Le beau et le laid au Moyen Âge*, Aix-en-Provence, Publications de l'Université de Provence (Senefiance, 43), 2000, S. 105–121

Goetz, Hans-Werner, „Fortuna in der hochmittelalterlichen Geschichtsschreibung", in: *Providentia–Fatum–Fortuna. Das Mittelalter. Perspektiven mediävistischer Forschung. Zeitschrift des Mediävistenverbands*, hg. v. Joerg O. Fichte, Bd. 1 (1996), S. 75–89

Gottfried von Straßburg, *Tristan*, Mhd./Nhd. Nach dem Text von Friedrich Ranke mit Stellenkommentar u. Nachwort hrsg. von Rüdiger Krohn, Bd. 1–2 (Text), Bd. 3 (Kommentar). Stuttgart 1998–2000

Hahnloser, Hans R., Hg., *Villard de Honnecourt*, krit. Gesamtausgabe Wien 1935

Hartmann von Aue, *Iwein*, in: Hartmann von Aue, *Gregorius, Der Arme Heinrich, Iwein*, hg. u. üs. v. Volker Mertens, München 2008

Heinrich von dem Türlin, *Die Krone* (Verse 12282–30042). Nach Vorarbeiten von Fritz Peter Knapp u. Klaus Zatloukal, hg. v. Alfred Ebenbauer u. Florian Kragl, Tübingen 2005

Helas, Philine, *Lebende Bilder in der italienischen Festkultur des 15. Jahrhunderts*, Berlin 1999

Heller-Roazen, Daniel, *Fortune's faces: the Roman de la Rose and the poetics of contingency*, Baltimore 2003

Horn, Christoph, „Glück und Tugend", in: *Kolleg Praktische Philosophie* Bd. 2: *Grundpositionen und Anwendungsprobleme der Ethik*, hg. v. Volker Steenblock, Stuttgart 2008, S. 23–53.

Janke, Wolfgang, *Das Glück der Sterblichen. Eudämonie und Ethos, Liebe und Tod*, Darmstadt 2002

Jungmayr, Jörg, Strelka, Joseph P., Hgg., *„Virtus et fortuna". Zur deutschen Literatur zwischen 1400 und 1720. Festschrift für Hans-Gert Roloff zu seinem 50. Geb.*, Bern 1983

Kant, Immanuel, *Grundlegung zur Metaphysik der Sitten*, in: *Theorie-Werkausgabe* Bd. VII, Frankfurt a. M. 1964

Kirchner, Gottfried, *Fortuna in Dichtung und Emblematik des Barock. Tradition und Bedeutungswandel eines Motivs*, Stuttgart 1970

Kleist, H. v., *Sämtliche Erzählungen*. Text u. Komm., hrsg. v. Klaus Müller-Salget, Frankfurt a. M. 2005, S. 515–530

Kohl, Jeanette, Fama und Virtus. *Bartolomeo Colleonis Grabkapelle*, Berlin 2004

Kraft, Sibyl, *Ein Bilderbuch aus dem Königreich Sizilien. Kunsthistorische Studien zum* Liber ad honorem Augusti *des Petrus von Eboli (Codex 120 II der Burgerbibliothek Bern)*, Weimar u. Jena 2006

Kraus, Carl von, *Liederdichter des 13. Jahrhunderts*, 2. Aufl., Tübingen 1978

Macchiavelli, Niccolò, *Il principe / Der Fürst*, aus dem Italienischen von Friedrich von Oppeln-Bronikowski, Frankfurt a. M. 1990

Mertens, Sabine, *Seesturm und Schiffbruch. Eine motivgeschichtliche Studie*, Rostock 1987

Merz, Jörg Martin, *Das Heiligtum der Fortuna in Palestrina und die Architektur der Neuzeit*, München 2001

Meyer-Landrut, Ehrengard, *Fortuna: Die Göttin des Glücks im Wandel der Zeiten*, München/Berlin 1997

Michel, Paul, „'Ignorantia exsilium hominis.' Zu einem enzyklopädischen Traktat des Honorius Augustodunensis". In: *Strenarum lanx. Beiträge zur Philologie und Geschichte des Mittelalters und der Frühen Neuzeit. Festgabe für Peter Stotz zum 40-jährigen Jubiläum des Mittellateinischen Seminars der Universität Zürich*, hg. v. Martin H. Graf u. Christian Moser, Zug 2003, S. 117–143

Opitz, Martin, *Weltliche und geistliche Dichtung*, hg. von Dr. H. Oesterley, Berlin/ Stuttgart 1889

Petrarca, Francesco, *De remediis utriusque fortunae*. Zweisprachige Ausgabe in Auswahl, üs. u. komment. v. Rudolf Schottlaender, München 1975

Petrarca, Francesco, *Opera quæ extant omnia*, Tomus I, Basileæ 1554 (Praefatio).

Pickering, F. P., *Augustinus oder Boëthius? Geschichtsschreibung und epische Dichtung im Mittelalter und in der Neuzeit*, Berlin 1967

Plinius, Secundus C., *Naturkunde: Kosmologie*, in: Plinius, *Naturkunde*, hg. u. übers. v. Gerhard Winkler u. Roderich König, Darmstadt 2008

Reichert, Klaus, *Fortuna oder die Beständigkeit des Wechsels*, Frankfurt a. M. 1985

Reinmar von Zweter, *Die Gedichte*, Amsterdam 1967, (Faks.-Neudr. d. Ausg.) Leipzig 1887

Rupp, Michael, *‚Narrenschiff' und ‚Stultifera navis'. Deutsche und Lateinische Moralsatire von Sebastian Brant und Jakob Locher in Basel 1494–98*, Münster/Berlin u. a. 2002 (= *Texte und Untersuchungen zum Mittelalter und zur frühen Neuzeit 3*)

Sanders, Willy, „*Sal es gelücke walden!*" in: Helmut Rücker u. Kurt Otto Seidel, Hrsg., *Sagen mit sinne. Festschrift für Marie-Luise Dittrich*, Göppingen 1976, S. 39–49

Sanders, Willy, *Glück: Zur Herkunft und Bedeutungsentwicklung eines mittelalterlichen Schicksalbegriffs*, Köln/Graz 1963

Schallenberg, Magnus, *Freiheit und Determinismus. Ein philosophischer Kommentar zu Ciceros Schrift* De fato, Berlin 2008

Schleier, Reinhart, *Kebetos Thebaiou pinax. Spiegel des Menschlichen Lebens, darin Tugent und untugent abgemalet ist. Studien zur Rezeption einer antiken Bildbeschreibung im 16. und 17. Jahrhundert*, Berlin 1973

Schleier, Reinhart, *Tabula Cebetis. Studien zu Rezeption einer antiken Bildbeschreibung im 16. und 17. Jahrhundert*, Berlin 1973

48 Burkhardt Krause

Schulze, Gerhard, *Die Erlebnisgesellschaft. Kultursoziologie der Gegenwart*, 8. Aufl. Frankfurt a. M. 2000

Scottus, Sedulius, *Liber de rectoribus Christianus. Werk über die christlichen Herrscher*, in: *Fürstenspiegel des frühen und hohen Mittelalters*, hg. v. Hans Hubert Anton, Darmstadt 2006 (= *Ausgewählte Quellen zur deutschen Geschichte des Mittelalters. Freiherr-vom-Stein-Gedächtnisausgabe, Bd. 45*)

Seel, Martin, *Versuch über die Form des Glücks*, Frankfurt a. M. 1999.

Seneca, L. Annaeus, *De vita beata. Über das glückliche Leben*, in: L. A. Seneca, *Philosophische Schriften* Bd. 2, üs., eingel. u. m. Anm. v. M. Rosenbach, Darmstadt 1999

Smith, Adam, *Theorie der ethischen Gefühle. Nach d. Ausg. letzter Hand üs. u. m. Einl., Anm. u. Reg. hrsg. v. W. Eckstein*, Hamburg 2004

Walther von der Vogelweide, *Werke*. Band 2: *Liedlyrik*, Mhd./Nhd., hg., üs. u. komment. v. Günther Schweikle, Stuttgart 1998

Wind, Edgar, *Heidnische Mysterien in der Renaissance*, 2. Aufl. Frankfurt a. M. 1984

Wittkower, Rudolf, *Allegorie und Wandel der Symbole in Antike und Renaissance*, Köln 1984

Worstbrock, Franz Josef, „Der Zufall und das Ziel. Über die Handlungsstruktur in Gottfrieds ‚Tristan‘". In: *Fortuna*, hg. v. Walter Haug/Burghart Wachinger (Fortuna vitrea 15), Tübingen 1995, S. 34–51

Christi Geburt als Glücksspiel?
Mittelalterliche Reisen zum Magnetberg und ihre heilsgeschichtliche Brisanz[1]

Mathias Herweg (Karlsruhe/Würzburg)

I. Das Glück des Reisenden

Fortuna oder Providenz: Vor diese Frage sahen sich mittelalterliche Betrachter durch viele Phänomene der großen und kleinen Geschichte gestellt, und nicht immer fiel es leicht zu ermessen, ob ein Ereignis nur dem blinden Glück gehorchte, oder ob hinter ihm ein göttlicher Wille stand, welcher nur Unwissenden, Nichteingeweihten als willkürlich erschien. Die Geschichte als solche lief für Chronisten unter der Kennung der *mutabilitas rerum* (Veränderlichkeit der Dinge)[2], und mitunter verhielt sie sich so unkalkulierbar, dass der Historiker zum Exegeten werden musste, um den Plan in oder hinter ihr zu ermitteln.

Zunächst und in erster Linie war es die Sache ,professioneller' (also lateinisch schreibender) Chronisten und Theologen, die durch die scheinbare Willkür der Ereignisse entstehenden Sinndefizite zu durchschauen und zu füllen. Seit dem Hochmittelalter sahen sich aber auch, besonders wichtig als Vermittler gelehrter Deutungen und Einsichten an ein breiteres, illiterates Publikum an weltlichen Höfen, volkssprachige Dichter und Erzähler in dieser Pflicht. Ihre Geschichten schrieben sich vielfach ein in die weite Welt und ihre reiche Geschichte, deren Mechanismen sie erprobten und, durchaus auch in Verkürzungen und waghalsigen Klitterungen, einsichtig zu machen suchten.

Zu einem wichtigen Medium dieser Sinn- und Standortsuche wurde seit dem 12. Jahrhundert der volkssprachige Roman, und in ihm die menschliche Ur-Situation der Reise, verstanden im Sinn eines stets ungewissen, den Glücks- und Unglücksfällen des Lebens schonungslos ausgelieferten Unterwegs-Seins, das reale oder fiktive

---

1   Der ursprüngliche Vortragscharakter ist bewusst beibehalten; Literaturhinweise sind maßvoll ergänzt, wobei sich über die Anmerkungen und Bibliographien des jeweils Angegebenen auch weiterführende Literatur leicht erschließt.

2   Vgl. Gert Melville: „Wozu Geschichte schreiben? Stellung und Funktion der Historie im Mittelalter". In: *Formen der Geschichtsschreibung*, hg. von Reinhart Koselleck u. a. München 1982 (*Beiträge zur Historik 4*), S. 86–146, hier 125f.

Helden rastlos durch die Welt trieb. Im Spiegel ihrer Erfahrungen und Erlebnisse konnte sich auch der Hörer und Leser auf den Weg begeben, hörend und lesend Wissen und Erfahrungen sammeln, die dem eigenen Blick aufgrund der engen Lebensräume der Zeit meist lebenslang entzogen blieben. Reisen bildet, und der literarische Nachvollzug von Reisen tat und tut dies nicht minder.

Reisen aber, und speziell solche über See, sind bis in die Frühe Neuzeit *per se* ein Glücksspiel.[3] Kaum sonst sieht sich das Individuum so sehr mit dem Unvorhersehbaren konfrontiert wie auf den meist schlechten Wegen über Land, auf den schier grenzenlosen Weiten der Meere. Unmittelbar jenseits des bebauten Landes beginnt im höfischen Artusroman die Zone des Unhöfischen, Brutalen, auch Abenteuerlichen, der Urwald mit seinen seltsamen Wesen, mit Räubern, Greifen und Drachen. Jenseits des sicheren Hafens beginnt in den Abenteuerromanen des hellenistischen Typus die wilde See, nach Jean Delumeau mentalitätsgeschichtlicher Angstraum *par excellence*.[4] Meerfahrten sind, fiktiv oder nicht fiktiv, stets Schwellenerfahrungen, seit Homers *Odyssee* (um 750 v. Chr.) und Vergils *Aeneis* (29–19 v. Chr.) fast immer auch Irrfahrten. Der Seefahrer sieht sich gepeinigt von Stürmen und Flauten, Untiefen und Riffen, Piraten und Ungeheuern. Nirgends sonst erfährt der Mensch die *conditio humana* so ohnmächtig und existenziell als Glücksspiel mit offenem Ausgang wie als Reisender auf hoher See. Namentlich aus den Pilgerberichten, deren Überlieferungskontinuität sich vom 4. Jahrhundert bis ins späte Mittelalter erstreckt, ist bekannt, welche Strapazen Fernreisende in jener Epoche auf sich nahmen, welche ungedeckten Wechsel auf ein erhofft günstiges Schicksal sie zu akzeptieren gezwungen und um des hehren Ziels willen dazu auch bereit waren.[5] So scheinen auch episch-fiktive Reisen oft nur auf der Oberfläche exotisch und phantastisch, während sie, gewissermaßen im

---

3 Zum Thema Reisen im Mittelalter sei orientierend auf Norbert Ohler verwiesen: *Reisen im Mittelalter*. München 1986. Eine Typologie (spät-)mittelalterlicher Reisen gibt Werner Paravicini: „Von der Heidenfahrt zur Kavalierstour. Über Motive und Formen adligen Reisens im späten Mittelalter". In: *Wissensliteratur im Mittelalter und in der Frühen Neuzeit. Bedingungen, Typen, Publikum, Sprache*, hg. v. Horst Brunner u. Norbert Richard Wolf. Wiesbaden 1993 (WILMA 13), S. 91–130.

4 Jean Delumeau: *Angst im Abendland. Die Gechichte kollektiver Ängste im Europa des 14. bis 18. Jahrhunderts. Deutsch von Monika Huebner u. a.* Reinbek 1985, S. 49–63.

5 Vgl. exemplarisch für das Spätmittelalter Randall Herz, Dietrich Huschenbett und Frank Sczesny (Hgg.): *Fünf Palästina-Pilgerberichte aus dem 15. Jahrhundert. Mit einem Beitrag von Nicky Zwijnenburg-Tönnies.* Wiesbaden 1998.

Subtext, reale Gefahren in literarische Topoi und symbolische Chiffren umsetzen, widrige Winde etwa zu launischen Göttern, Meeresströmungen zu Erscheinungen der Anderwelt wie Scylla und Carybdis, gefährliche Untiefen zu verlockenden Schönheiten wie den Sirenen stilisieren.

Die Glücksspielern bis heute geläufige Rollenverteilung kehrt sich in dieser Situation um: Nicht mehr der Mensch spielt auf dem Meer mit dem Glück, sondern das Glück spielt mit dem Menschen, hebt ihn, stürzt ihn hinab, verschlingt ihn oder speit ihn aus wie einst – auch dies eine (scheinbar) missglückte Meerfahrt – der Wal den biblischen Propheten Jonas. Und je weiter sich die Reise von der bekannten Welt entfernt, desto unberechenbarer wird das Spiel.

| Gelückes rat ist sinewel | Jonas wird vom Wal verschlungen, Dom von Aquileia, 11. Jht. |

Warum aber wird dann die Reise ins Ungewisse, Ferne und Fremde so dauerhaft zum Faszinosum vormoderner Dichter und Künstler? Weil sie Spannung verspricht, den Reiz des Exotischen, ganz Anderen, auch Anrüchigen befriedigt, Evasionsbedürfnisse bedient – all dies gewiss. Zugleich aber offenbaren sich nirgends sonst so klar die Grundströme und Triebfedern der Geschichte, von denen eingangs die Rede war: In der Erfahrung maximaler Distanz, Alterität und Ausgeliefertheit an das blinde Glück liegt paradoxerweise auch die Chance, der historischen Existenz der Menschheit tiefer auf den Grund zu gehen als irgendwo sonst und das Undurchschaubare als Walten eines höheren Plans zu durchschauen.

II. Schreckensort im fernen Orient: Der Magnetberg

Um 1300, in der bereits ins Spätmittelalter übertretenden Schlussphase des höfischen mittelhochdeutschen Versromans, erzählt ein umfangreicher Text, der nach seinem Helden ‚Reinfrit von Braunschweig' heißt[6], die folgende Geschichte: Ein verarmter, doch in den Künsten der Magie bewanderter Aristokrat aus Mantua namens Virgilius, hinter dem sich der im MA auch als Zauberer geläufige römische Dichter Vergil verbirgt[7], läuft um die Zeitenwende mit einer kleinen *geselleschaft* ein gefährliches Eiland im Indischen Ozean an, das wegen seines magnetischen Gesteins ‚Magnetberg', *Agetstein,* heißt. Abenteuerlust und Neugier, dazu die Hoffnung auf exotische Schätze, hatten den Weg der Gruppe bis zu diesem Extrempunkt des fernen Orients gelenkt. Mit zunehmender Annäherung aber führt nicht mehr der eigene Wille die Reisenden: Ihnen entgleitet die Macht über das Steuer, der Berg gewinnt Macht über sie, zieht sie zu sich, bis alle am Felsufer stranden.

Ich halte hier ein, bevor ich später wieder auf die Vergilsage zurückkomme und ihren Fortgang mitteile. Vorab nämlich sind einige wichtige Sachverhalte zu klären. Was etwa hat es mit dem ‚Magnetberg' auf sich, von dem der Dichter hier so fachkundig schreibt?

„*Magnetberg, -s, der* (mhd. *Agetstein,* mlat. *Magnes/-tis*): Topos ma. Geographiewissens, nach antiken und arabischen Quellen episch ausfabuliert in Reisebeschr.n (Brandan; Mandeville, Jean de) und Romanstoffen (Ernst, Herzog)."

---

6   Die derzeit einzige Edition des Romans ist philologisch überholt; eine Übersetzung liegt nicht vor: Karl Bartsch (Hg.): *Reinfrid von Braunschweig.* Stuttgart/Tübingen 1871. Zu den hier und im Fortgang genannten mittelalterlichen Texten vgl. einführend die einschlägigen Artikel in Kurt Ruh und Burghart Wachinger u. a. (Hgg.): Die *deutsche Literatur des Mittelalters. Verfasserlexikon.* 2., völlig neu bearb. Auflage. 13 Bde. Berlin/ New York 1978-2007; zu den epischen Figuren Horst Brunner und Mathias Herweg (Hgg.): *Gestalten des Mittelalters. Ein Lexikon historischer und literarischer Personen in Dichtung, Musik und Kunst.* Stuttgart 2007.

7   Zum mittelalterlichen Bild Virgils und zur Virgilsage vgl. Manfred Kern und Alfred Ebenbauer (Hgg.): *Lexikon der antiken Gestalten in den deutschen Texten des Mittelalters.* Berlin 2003, S. 662–669; Franz-Josef Worstbrock, [2]VL 10 (1999), Sp. 274–279; dazu die [2]VL-Einträge zu ‚Virgil(ius)', namentlich ‚Virgils Fahrt zum Magnetberg' (ebd., Sp. 377–379). Die deutschsprachigen Texte zur Magnetbergfahrt stellte Johannes Siebert zusammen: „Virgils Fahrt zum Agetstein". In: *PBB* 74 (1952), S. 193–225.

Holzschnitt der Frankfurter
Prosafassung des *Herzog Ernst*
(16.Jht.)

Das antike Bild der Welt und die Insel Taprobane
(nach Eratosthenes und Ptolemaios)

Was uns phantastisch anmutet, ist ein Faktum vormoderner Geographie, zu finden bei antiken und mittelalterlichen Enzyklopäden und Chronisten.[8] Meist ist das Eiland im Indischen Ozean in der Gegend des heutigen Ceylon, das das Mittelalter als Taprobane kennt, verortet. Noch iberische Expeditionen des 17. Jahrhunderts haben hier allerlei ominöse Inseln gesucht, in deren Umfeld auch die genannte gehört. Plinius der Ältere, der, bevor er bei dem berühmten Vesuvausbruch 79 n. Chr. ums Leben kam, die umfassendste Naturgeschichte der Antike verfasste, erwähnt wohl als erster magnetische Berge, die er allerdings noch nicht als Inseln im Meer, sondern am Indus gelegen beschreibt. Erfunden hat er sie gewiss nicht, denn er arbeitet seriös auf Basis schriftlicher oder mündlicher Quellen. Dass man diesen Angaben über Jahrhunderte hinweg bis in die Zeit der Entdecker ohne Argwohn folgte, ist weniger erstaunlich, als es zunächst erscheinen mag: Kaum ein Europäer kam in den gut fünfzehn Jahrhunderten zwischen Alexander dem Großen (4. Jh. v. Chr.) und Marco Polo (13. Jh. n. Chr.) wesentlich über den Vorderen Orient hinaus, der Ziel- und Erfahrungsraum von Pilgern, Kreuzfahrern und Fernhändlern war, und konnte berichten, was er dort sah, um eine solide Überlieferung durch Augenschein zu korrigieren. Und man muss nicht hochmütig sein: Noch bis ins 19. Jahrhundert kursierten vage, oft krude Vorstellungen über Gebiete im Innern Afrikas oder Neuguineas, und mancher Tourist sieht bis heute nicht mehr, als der Reiseführer, schlecht oder recht, vorgibt. Man glaubt gerne – und dies bis heute gerade im und über den Orient –, was man liest, wenn man es nicht besser weiß, und es bestimmt neben dem Sein vor allem das Lesen und das Gelesene das Bewusstsein.

Die eigentlich interessante Frage ist also nicht, *warum* Literaten und Wissenschaftler der Vormoderne an Orte wie den Magnetberg ‚glaubten‘, sondern vielmehr, welcher Herkunft und Qualität die Quellen waren, die solches Wissen bis zu ihnen und über sie in den erwähnten Roman und sein Umfeld trugen. Ich kann mich hier kurz fassen, denn das Material ist weitgehend erschlossen (vgl. Anm. 7). Das vormoderne Wissen über den Magnetberg speist sich im Wesentlichen aus drei Traditionen:

---

8 Zum Folgenden sei grundlegend auf den einschlägigen Beitrag von Claude Lecouteux verwiesen: „Die Sage vom Magnetberg“. In: *Fabula* 25 (1984), S. 35–65, hier bes. 48–57; er bietet einen konzisen Überblick zur Motivtradition und zu den mittelalterlichen Ausformungen des Topos. Thematisch einschlägig ist daneben auch Lecouteux' dreibändige Monographie zur Mirabilienwelt des Orients: *Les monstres dans la littérature allemande du moyen âge. Contribution à l'étude du merveilleux médiéval.* 3 Bde. Göppingen 1982.

- aus spätgriechischer Kosmographie, für die bis heute der Name des Geographen Ptolemaios (um 90–175 n. Chr.) steht;

- aus pseudo-aristotelischer Gesteinskunde;

- aus orientalischem Sagengut (bekannt blieben Sindbads Reisen oder die Märchen aus Tausendundeiner Nacht).

Claudios Ptolemaios behauptet bald nach Plinius in seiner ‚Geographie' (7,2)[9], dass die Indienfahrer seiner Zeit aus Furcht vor dem Magnetberg kein Eisen auf ihren Schiffen duldeten – anders als bei Plinius ist hier der Magnetberg also wohl bereits eine Insel. Als Insel wird er auch im islamischen Orient rezipiert, wobei er sich hier mit autochthonem Erzählgut und motivgeschichtlich mit der im christlichen Westen und im islamischen Osten gleichermaßen populären Überlieferung der abenteuerlichen Vita Alexanders des Großen verbindet, die eine Vielzahl ähnlicher Topographien kennt. Signifikant geht dies aus der ‚Geschichte des Lastenträgers und der drei Damen' bzw. ‚des dritten Bettelmönchs' hervor, die zur Sammlung der Märchen aus *Tausendundeiner Nacht* gehört. In dieser Erzählung warnt ein kundiger Kapitän seine Reisegesellschaft vor drohendem Unheil:

„Morgen aber werden wir zu einem Berge kommen aus schwarzem Stein, der heißt der Magnetberg; denn zu ihm führen die Strömungen uns, ob wir wollen oder nicht. Sobald wir aber unter ihm in Lee sind, werden des Schiffes Flanken sich auftun, und jeder Nagel aus jeder Planke wird herausfliegen und sich an den Berg anheften; denn Allah, der Allmächtige, hat seinen Stein mit einer geheimnisvollen Kraft und einer Liebe zum Eisen begabt, durch die alles, was Eisen ist, auf ihn zufliegt; und an diesem Berge hängt viel Eisen, wie viel, das vermag niemand zu sagen, außer dem Höchsten; und es stammt aus den vielen Schiffen, die dort seit uralten Tagen verloren gingen."[10]

Die Überlieferung der pseudoaristotelischen Mineralogie schließlich setzt im 9. Jahrhundert ein. Sie vermittelt dem Morgenland wie dem lateinischen Westen scheinbar gesichertes Wissen über allerlei Steine und ihre Eigenschaften, darunter

---

9   Vgl. Menso Folkerts: „Klaudios Ptolemaios [Ptolemaios 65]". In: *Der neue Pauly* 10 (2001), Sp. 559–570.

10   „Die Geschichte des dritten Bettelmönches". Netzedition in der Übers. v. Felix Paul Greve: http://www.zeno.org/Literatur/M/Anonym/Erz%C3%A4hlungen/Erz%C3%A4hlungen+ aus+1001+Nacht+%28Auswahl%29 [26.08.2010].

auch über Magneten. Eine frühe, im 14. Jahrhundert überlieferte arabische Version des ps.-aristotelischen Steinbuchs enthält folgende lexikographisch nüchterne Angabe:

> Der Magnetberg befindet sich im Lande Indien, und wenn ein Schiff vorbeifährt, in dem sich Eisen befindet, zieht es sich zu ihm zu, und wenn es viel Eisen ist, treibt es das Schiff auf ihn zu.[11]

Fast identisch weiß dann auch der bedeutendste deutsche Weltchronist des hohen Mittelalters, der um 1250 für den Stauferkönig Konrad IV. (gest. 1254) schreibende Rudolf von Ems, zu berichten – wobei er sich auf den lateinischen Enzyklopäden Honorius Augustodunensis bezieht –, der „Acstein" sei ein „grôz hôchgebirge wît" an der Küste oder auf einer Insel des Landes „India"; er „zücket an sich zaller zît / daz îsen über des meres trân."[12]

Auf Quellen- und Verbreitungsfragen muss hier nicht näher eingegangen werden; sie sind erwähntermassen gut erforscht. Wichtig ist aber der Doppelbefund, dass alle drei Traditionen, die geographisch-enzyklopädische, die orientalische und die mineralogische, in den wesentlichen Zügen übereinstimmen oder zumindest kompatibel sind; und dass sie gewissermaßen interdisziplinär ein wegen der begrenzten nautischen Möglichkeiten der Zeit empirisch für niemanden verifizierbares Phänomen als Realität bezeugten – als eine Realität wohlgemerkt, die zu einer Fülle anderer ‚Wunder des Orients' (*mirabilia Orientis*) gehört, die das Bild der Epoche von der Welt jenseits der noch eben bekannten Kreuzzugsregionen bestimmten.[13]

Und wichtig ist auch, dass alle drei Traditionen dazu beitragen konnten, das unberechenbare Wirken des Glücks zu rationalisieren: Aus unwägbaren Zufällen, die ein Schiff auf hoher See verschwinden lassen, wird kraft des geographischen Fixpunkts des Magnetbergs eine ‚naturwissenschaftliche' Notwendigkeit.

---

11 Zit. nach Lecouteux (wie Anm. 104), S. 39.

12 Gustav Ehrismann (Hg.): *Rudolfs von Ems Weltchronik. Aus der Wernigeroder Handschrift.* Berlin 1915, ND Dublin/Zürich 1967 (DTM 20), hier v. 1835–38. Zu Rudolfs Quellen vgl. immer noch Otto Doberentz: „Die Erd- und Völkerkunde in der Weltchronik des Rudolf von Hohen-Ems". In: *ZfdPh* 12 (1881), S. 257–301 und 387–454, ZfdPh (1882), S. 29 –57 und 165–223.

13 Zum vormodernen Weltbild vgl. orientierend Rudolf Simek: *Erde und Kosmos im Mittelalter. Das Weltbild vor Kolumbus.* München 1992.

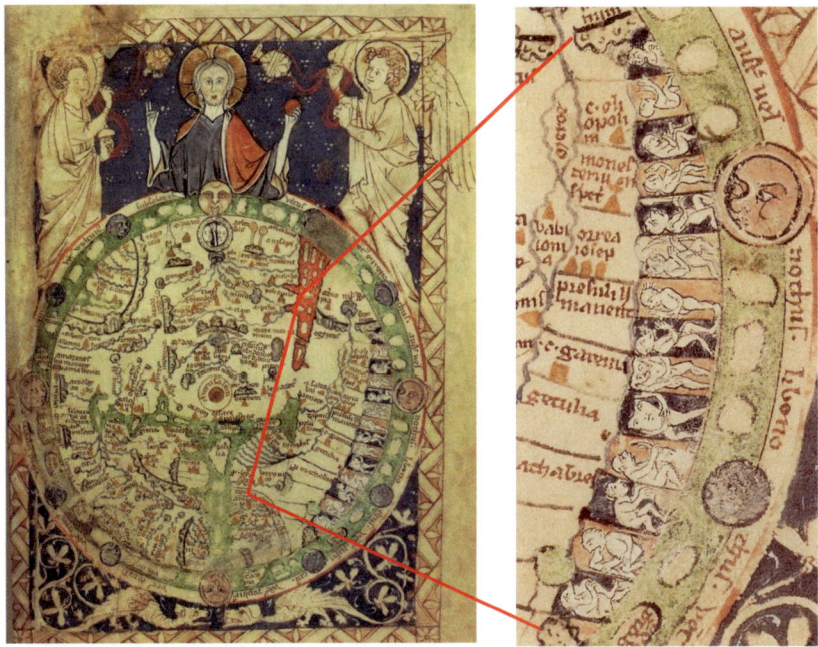

Mirabilia Orientis auf einer ma. Mappa Mundi   Psalterkarte, London, 13. Jht.

Die *deutsche* Magnetbergtradition beginnt bereits vor Rudolfs von Ems knapper Chroniknotiz im 12. Jahrhundert. An ihrem Anfang stehen fast zeitgleich Berichte über die Reisen eines fiktiven irischen Abtes namens Brandan und über die Irrfahrt eines ebenfalls fiktiven, vom Kaiser vertriebenen Baiernherzogs namens Ernst.[14] Ich beschränke mich hier auf den zweiten, der für die leitende Frage nach Schicksal, Providenz und Fortuna der interessantere ist und unmittelbar wieder zu unserem Ausgangstext und zu Virgilius hinführt. Der ‚Ernst‘-Stoff ist in rund einem Dutzend deutscher und lateinischer Versionen überliefert und hatte unschätzbaren, bis heute noch nicht systematisch erforschten Einfluss auf die Entwicklung des deutschen

---

14 Zum Zusammenhang beider Texte vgl. Hartmut Beckers: „Brandan und Herzog Ernst. Eine Untersuchung ihres Verhältnisses anhand der Motivparallelen“. In: *Leuvense Bijdragen* 59 (1970), S. 41–55.

Romans bis in die Frühe Neuzeit.[15] Die älteste vollständige Fassung, an die ich mich praktischerweise halte, ist um 1210 entstanden (*Herzog Ernst* B).[16]

Ernst ist Stiefsohn des römisch-deutschen Kaisers Otto und von diesem mit dem Herzogtum Baiern belehnt. Infolge einer politischen Intrige stürzt ihn das Rad der Fortuna, er wird abgesetzt und vom kaiserlichen Stiefvater mit Krieg überzogen. Durch eine Pilgerfahrt nach Jerusalem sucht er Rettung für sich und sein leidendes Land, einige Getreue begleiten ihn. Zwischen Byzanz und Akkon geraten sie freilich in einen Seesturm, der das Schiff in den Indischen Ozean verschlägt (realgeographisch eine vor dem Bau des Suez-Kanals unmögliche Route, aber das spielt hier keine Rolle).

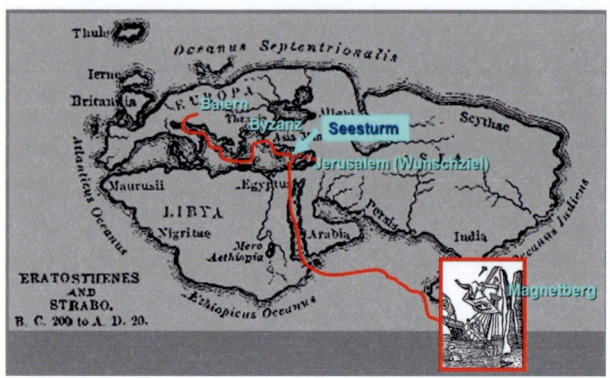

Herzog Ernsts nicht ganz realistische Reiseroute

Nach Wochen der Orientierungslosigkeit sichtet man in der Ferne einen einsamen Gipfel mitten im Meer. Mäste und Segel, die sich bei der Annäherung abzeichnen, verheißen einen Hafen, lassen auf Zivilisation und neuen Proviant hoffen. Doch bald setzt, ohne dass Wind aufkäme, ein wachsender Sog ein, und erst viel zu spät nimmt

---

15 Einführend vgl. Hans-Joachim Behr, ²VL 3 (1981), Sp. 1170ff.; zu den Fassungen: Hans-Joachim Behr (Hg.): *,Herzog Ernst'. Eine Übersicht über die verschiedenen Textfassungen und deren Überlieferung.* Göppingen 1979 (Litterae 62).

16 Bernhard Sowinski (Hg.): *Herzog Ernst. Ein mittelalterliches Abenteuerbuch. In der mittelhochdeutschen Fassung B nach der Ausgabe von Karl Bartsch mit den Bruchstücken der Fassung A.* Stuttgart ³2003.

der Späher im Mastbaum die tödliche Gefahr wahr, der das Schiff entgegenrast: Der Felskegel ist der Magnetberg. Der kundige Späher erklärt seinen Schicksalsgefährten, was nun droht:

„Ich wil iuch, helde, wizzen lân/ von des steines krefte/ und von sîner meister-schefte/ die er von sîner art hât./ swaz schiffe dar engegen gât/ inner drîzic mîlen,/ in vil kurzen wîlen/ hât er sie zuo im gezogen./ daz ist wâr und niht gelogen./ habent sie et nietîsen,/ diu darf dar nieman wîsen:/ sie müezen âne ir danc dar gên./ diu schif diu wir dort sehen stên/ vor dem tunkeln berge dort,/ rehte vor des steines ort,/ dâ müezen wir ersterben/ und von hunger verderben:/ des mugen wir kein wandel hân;/ als alle die hânt getân/ die ie gesigelten her..." (3944–63)[17]

Allen ist nun klar: Auf das trügerische Glück darf man hier nicht mehr bauen, dieses kennt nur eine Richtung, und die ist fatal und letal: „der berc, den wir gesehen hân/ daz ist ûf dem lebermer./ ezn sî daz got uns erner,/ wir sterben hie gemeine" (3934ff.).[18] Allein die vage Hoffnung auf ein Wunder, durch das sich das Walten der Fortuna wider allen Anschein doch noch in einen Erweis göttlicher Providenz verkehrte, bleibt noch – doch darauf vermag keiner zu bauen.

Ein ‚Wunder' folgt freilich durchaus, wenngleich ein partielles, zudem ein rational erklärbares und erklärtes: Obwohl das Schiff ungebremst am Ufer aufprallt, retten die verfaulten, von moderner Ladung und verwesenden Leichen gefüllten Schiffswracks, deren Mastbäume man zunächst so hoffnungsfroh erspäht hatte, der Besatzung das Leben: Der Aufprall wird durch sie gemildert. Doch der Erzähler betont, *eigentlich* habe nur Gottes Hilfe Ernsts Leute bewahrt, nicht das Naturgesetz; die kausale Logik

---

17 Helden, ich muss Euch vom Wesen und der Gewalt des Felsens unterrichten. Welches Schiff ihm auf dreißig Meilen nur naht, das zieht er binnen kurzem vollständig zu sich heran – das ist zweifellos wahr. Niemand darf die eisernen Nägel in Richtung des Berges steuern, denn er zieht sie unweigerlich an. Dort, wo wir die Schiffe vor dem dunklen Berghorizont sehen, dort werden auch wir alle umkommen oder verhungern; das ist unabweislich, denn allen ist es bisher so ergangen, die je dorthin kamen. (Alle Über-setzungen stammen vom Verfasser; sie sind bewusst relativ frei).

18 Das Lebermeer, das im *Herzog Ernst* den Magnetberg umgibt, ist ein weiterer geogra-phisch-enzyklopädischer Topos. *Leber-* oder *libermer*, lat. *mare concretum*, heißt ‚ge-ronnenes Meer'; dahinter steht die Vorstellung vom Watten- oder Eismeer, das Schiffe, die einmal hineingerieten, nicht mehr entkommen lässt. Geographisch ist es üblicher-weise im hohen Norden angesiedelt; *Herzog Ernst* und *Brandan* verlegen es ins Umfeld des Magnetbergs.

wird durch Transzendenz verdrängt und, bereits hier: das blinde Glück durch höhere Bestimmung. Doch dieses Wunder bleibt erwähntermaßen unvollständig und bringt für die meisten nur die Verlängerung ihrer Qual: In den folgenden Tagen sterben Ernsts Gefährten nach und nach an Hunger und Erschöpfung, die Leichen fallen wilden Greifen zum Opfer, die auf der Insel nach Aas suchen. Nur Ernst selbst und sechs seiner Leute überleben. Als das letzte Brot unter ihnen geteilt ist, kommt der engste Vertraute des einstigen Baiernherzogs, Graf Wetzel, auf die rettende Idee: Man näht sich gegenseitig in Tierhäute ein, die sich als Handelsgut in den Schiffswracks finden, lässt sich von den Greifen – als vermeintliche Kadaver – von der Insel zu den Nestern der Jungtiere fliegen. Die Kraft des Magneten wird so überwunden, und da die Junggreifen mit den zähen Bündeln nichts anfangen können, stellen auch sie keine Gefahr mehr dar. Ernsts verbliebene Gefährten sind damit vorerst gerettet, doch die Irrfahrt, das mit jedem Wind- und Wellenstoß erneuerte Glücksspiel, geht nahtlos weiter.

Der Fortgang braucht hier nicht mehr interessieren, auch nicht der glückliche Ausklang der Geschichte im heimischen Bamberg, den zahllose weitere Gefahren, Zwischenfälle und Reiseetappen noch lange verzögern.

III. Savilon und Virgilius: Folgenreiche Besuche am Magnetberg[19]

Um 1300 – und damit kehre ich nun zum eingangs genannten Werk zurück – dichtete ein Anonymus aus der Gegend um Zürich einen der monumentalsten Versromane des deutschen Mittelalters, nach seinem Helden erwähntermaßen ‚Reinfrit von Braunschweig' genannt. Nach nicht weniger als 30000 Versen endet die einzige Handschrift, die den Text überliefert – der Roman bleibt Torso.

In aller Kürze sei der für den Fortgang nicht ausschlaggebende Inhalt skizziert, da dieser Roman weniger leicht greifbar ist als der *Herzog Ernst*: Der fiktive Protagonist wird als Herzog von Sachsen und Westfalen eingeführt; nach verbreiteter Meinung weckt er historische Erinnerungen an die Braunschweiger Welfen, speziell an Hein-

---

19 In den folgenden Abschnitt gingen einschlägige Kapitel meiner Habilitationsschrift ein: *Wege zur Verbindlichkeit. Studien zum deutschen Roman um 1300 und zur Entwicklung epischer Historizität im 13. Jahrhundert.* Wiesbaden 2010 (i. Dr.).

rich den Löwen und dessen Jerusalemfahrt 1172, doch sind diese äußerst vage. Während einer Turnierfahrt verliebt er sich in die dänische Königstochter Yrkane, die er nach Überwindung vieler Hindernisse als Gemahlin heimführen kann. Doch das Regentenpaar bleibt lange kinderlos. Um das dynastische Menetekel zu wenden, leistet Reinfrit ein Gelübde und zieht gegen die Heiden in den Orient. Wie der im Text erwähnte Staufer Friedrich II. (1228/29) findet er nach dem Kreuzzug zu einer vertraglichen Regelung mit den Moslems, welche den Christen Zugang zu den Heiligen Stätten gewährt. Statt aber nun, nach Erfüllung des Gelübdes, umgehend zu den Gatten- und Fürstenpflichten nach Sachsen zurückzukehren, schließt er sich seinem vormaligen Gegner, einem muslimischen Perserkönig, zu einer Expedition bis an die Grenzen der Erde an. Diese gestaltet sich als Panoptikum exotischer Stätten, Völker und Naturphänomene, zu denen neben den Amazonen, Sirenen, Pygmäen und anderem mehr eben auch der Magnetberg gehört. In den Reizen dieser exotischen *wunder* verliert Reinfrit sich immer mehr. Er wird darüber zum Spieler mit den Gefahren des Ostens, nicht minder aber mit dem Glück seines Landes, das über Jahre hinweg des Fürsten entbehrt. Erst als ihn harsche Mahnbriefe aus der Heimat erreichen, kehrt er um. Weil aber der Torso inmitten einer immer wieder verzögerten Rückreise auf einer einsamen Insel endet, bleibt unklar, ob, wann und unter welchen Umständen er Braunschweig je wiedererreicht.[20]

Hier muss es allein um die (relativ umfangreiche) Episode gehen, die den Mantuaner Virgil auf dem Magnetberg in ein virtuoses Planspiel über Kontingenz, Providenz und fast verspieltes Menschheitsglück verstrickt; ihr Anlass ist die Tatsache, dass im weitgesteckten Rahmen seiner eigenen Orientfahrt eben auch Reinfrit, der Held des Romans, den Magnetberg besucht, und von Virgils Erlebnissen dort erfährt:

„Des sach man sî [Reinfrit und seine Gefährten] in kurzem zil/ dem stein sô vaste nâhen/ daz sî in verre sâhen,/ als sî bînamen dûhte./ von dem berge lûhte/ manic wildez wunder,/ wan an dem steine under/ hât manic kiel genomen haft,/ die von des magnêten kraft/ alle wâren dar getriben./ liut und guot was dâ beliben/ verdorben an

---

20 Zu den Deutungsaspekten des Romans vgl. Wolfgang Achnitz: *Babylon und Jerusalem. Sinnkonstituierung im ‚Reinfried von Braunschweig' und im ‚Apollonius von Tyrland'* Heinrichs von Neustadt. Tübingen 2002; Mathias Herweg: „Herkommen und Herrschaft. Zur Signatur der Spätausläufer des deutschen höfischen Romans um 1300". In: *Archiv* 241 (2004), S. 241-287. Speziell zum naturkundlichen und geographischen Wissen: Herfried Vögel: *Naturkundliches im ‚Reinfried von Braunschweig'. Zur Funktion naturkundlicher Kenntnisse in deutscher Erzähldichtung des Mittelalters.* Frankfurt/M. u. a. 1990.

des steines habe./ nie mensche lebend kam dar abe/ ân hie vor Virgilîus/ und sîn
geselleschaft/ die sus/ dur frîgen muot dar kâmen./ sî funden unde nâmen/ hie mit
hôhem muote schôn/ diu driu buoch diu her Savilôn/ von nigramancîe schreip..."
(21010–025).[21]

Reinfrit ist also in ,seinem' Roman nicht der erste, der den Magnetberg erreicht.
Schon vor seiner Ankunft meldet sich der Erzähler, hier ganz Sprachrohr des gelehrten Dichters, mit einem ausführlichen Exkurs zu Wort, um die Hörerschaft in die
welt- und heilsgeschichtliche Relevanz des Ortes am Ende der Welt einzuführen. Eine
solche Relevanz ist durchaus neu, war doch der Magnetberg bis 1300 zwar als Ort
außergewöhnlicher Gefahren (so im erwähnten Brandan- oder Ernststoff), doch kaum
je als Schauplatz widergöttlicher, providenzgefährdender Hybris hervorgetreten. Eben
dieser Innovation gilt im Fortgang das Hauptinteresse an dem Roman.

Um die Zeitenwende – mithin in der inneren Chronologie des Romans rund 1200
Jahre vor Reinfrit, der als Zeitgenosse der Staufer auftritt –, war nach Angaben des
weit ausholenden Erzählers Virgil aus Mantua nach Osten aufgebrochen – wir lasen
davon. Nach langer Fahrt hatte man unsanft, doch schadlos am Magnetberg geankert.
Virgilius hinterlässt über seine Visite einen geradezu atemberaubenden Bericht,
dessen Einzelheiten er den auf dem Berg aufgefundenen Büchern des Magiers Savilons entnimmt und vor Ort fortschreibt. Auf diese Weise erfährt dann auch Reinfrit,
erfahren die Hörer und Leser um 1300 von den Geheimnissen des schicksalhaften
Eilands.

Die im Fortgang referierten Abläufe sind, im hochhybriden Roman des Spät-
mittelalters durchaus kein Einzelfall, höchst verwickelt, so dass es sich empfiehlt, die
Fixpunkte der Zeitachse, um die sie sich ordnen, noch einmal zu vergegenwärtigen;
die dabei genannten Akteure werden den weiteren Verlauf des Beitrags bestimmen:

- *Zwölf Jahrhunderte vor der Zeitenwende* erfährt der jüdische Nigromant und
  Astrologe *Savilon* aus den Sternen von Christi zukünftiger Geburt, ihrem exak-

---

21 So sah man sie dem Felsen rasch näherkommen, bis er ihnen in den Blick geriet. Der
    Berg war voll von fremdartigen Reizen, denn der Magnet hatte viele Schiffe angezogen,
    deren Besatzung und Ladung an dem felsigen Gestade verdorben waren. Noch nie war
    ein Mensch lebend von ihm zurückgekehrt, außer vor Zeiten Virgilius und seine
    Gefährtenschaft, die einstmals freiwillig dorthin gereist waren. Sie hatten dabei Einblick
    in die drei Bücher genommen, die der edle Magier Savilon über seine nigromanischen
    Künste niedergeschrieben hatte...

ten Zeitpunkt und ihren negativen Folgen für das jüdische Volk (21346ff.). Er verschanzt sich mit seinen magischen Büchern und einem Zauberbrief, der das Ereignis zu verhindern vermag und seinen Geist am Leben erhält, auf dem zur Festung ausgebauten Magnetberg.

- *Um die Zeitenwende*, während der Herrschaft des ersten römischen Kaisers Octavianus Augustus, sticht der Magier *Virgilius* selbzwölft in See, um nach den Werken seines großen Vorgängers zu forschen (21023ff., 21548ff., 21674ff.). Auf dem Magnetberg findet er Savilon als Untoten, bricht den Bann seines Zauberbriefs und bestattet ihn in einem mächtigen Katafalk. Nach Sichtung der mantischen Schriften legt er Savilons Vita und die eigenen Abenteuer auf dem Eiland in einem weiteren Buch nieder.

- *Etwa zwölf Jahrhunderte nach der Zeitenwende* (in der impliziten Chronologie des Romans) passiert schließlich *Reinfrit von Braunschweig* mit seiner Schar die Insel (20996ff., 21714ff.). Er findet den Katafalk Savilons und, an diesen gekettet, den in allen Sprachen lesbaren Kodex Virgils, der die Viten des jüdischen und des römisch-antiken Magiers so bedeutungsvoll verbindet. Dieses Buch liest Reinfrit als ‚Buch im Buch' seinen Gefährten vor, und in indirekter Wiedergabe paraphrasiert den Vortrag der extradiegetische Erzähler.

Diese drei Stoff- und Plotstränge mit ihren wechselnden Akteuren bilden die Kulisse für die nun folgenden, der narrativen Struktur verpflichteten und damit die mitunter kühnen Zeitsprünge und Darbietungswechsel der Erzählung mitberücksichtigenden Analysen.

Zunächst zu Virgil: Nach seiner Landung hatte der zweite der drei Besucher am Ufer des Magnetbergs einen in einem Glasgefäß versperrten Geist gefunden, der sich als Helfer des ersten Inselreisenden, in diesem Fall auch -bewohners, des gelehrten Savilon also, vorstellt. Die letztere Figur ist keine Erfindung des Dichters, und wie Virgil ist sie auch keine Fiktion, sondern eine feste Größe im vormodernen Laienwissen: Die pseudohistorische ‚Wartburgkrieg'-Überlieferung kennt sie unter dem Namen *Zabulon* als mephistophelischen Freigeist, ebenso gelehrt wie skrupellos. Der aus der Flasche befreite Dämon führt Virgil zu Savilons Palast, und in diesem findet der Römer dessen den *artes magicae*, der Zaubereikunst und Wahrsagerei, gewidmetes Lebenswerk, gesammelt in mehreren riesigen Folianten.

Vergils *Aeneis*. Meerfahrt

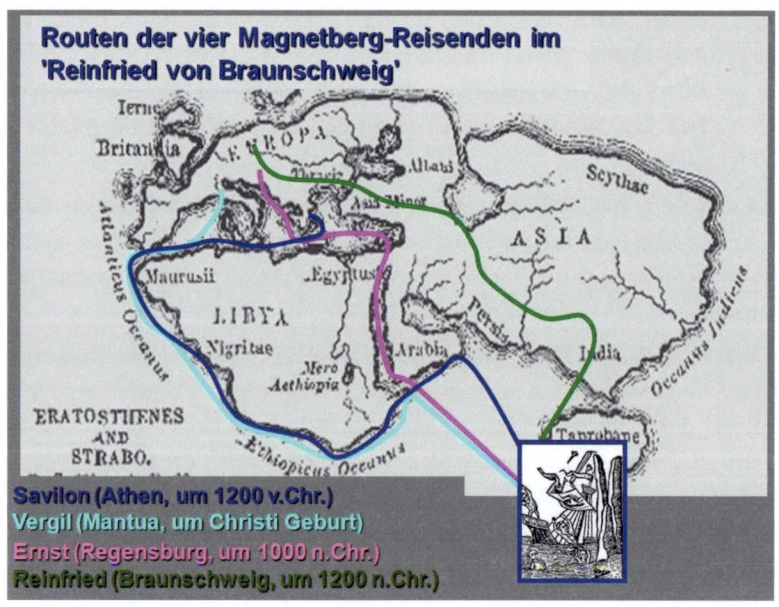

Routen der vier Magnetberg-Reisenden im *Reinfried von Braunschweig*

Bevor der Erzähler sich dieser genauer annimmt, wird dem Leser als weitere Zeitmarke noch ein uns inzwischen ebenfalls bekannter, mithin bereits vierter Magnetbergbesucher vorgestellt, der nach Savilon und Virgil, aber vor Reinfrit vor Ort gewesen sein muss: „ein herzog uzer Beigerlant,/ Ernest so was er genant". Er war, wir wissen dies, unfreiwillig in den Sog der Insel geraten und nur dank der Greifenlist wieder fortgelangt (21056ff.).

Reinfrits und seiner Begleiter Haltung am gleichen Ort steht in scharfem Kontrast zu jener Ernsts: Lebensgefahr kennen sie nicht, da ihr Schiff in weiser Voraussicht ohne Nägel und eiserne Beschläge gezimmert worden war. *Curiositas*, Neugier, nicht unentrinnbarer Zwang ist ihr Motiv. Alles wird gründlich durchsucht und erforscht, und ein schmaler Felspfad führt die Sachsen schließlich auf den Gipfel des Berges, den zu ersteigen Ernst noch nicht in den Sinn gekommen war – weshalb er die darauf befindlichen, merkwürdigen Überreste der vergangenen Ära auch noch nicht hatte wahrnehmen können.

Zwei riesige Wächterstatuen schützen das Tor zum Reich Savilons, dann stehen die Besucher in einer mächtigen Ruinenlandschaft vor Savilons Sarkophag. An ihn angekettet finden sie jenes Buch, das Savilons Wissen und seine Vita auf dem Magnetberg beschreibt. Es wurde vor Zeiten von ihm selbst begonnen, von Virgil sodann ergänzt. So verbindet das Buch zwei welthistorische Epochen, die jüdische und die römische, den Alten Bund und die heidnische Antike. Zugleich kompiliert es zwei im Ursprung heterogene Stoffe: die schon skizzierte Fabel um Virgils Orientfahrt und die Mythe Savilons.[22] Die wahrhaft zeit- und raumgreifende Exposition, die über drei Reiseviten zu Savilons Buch und seinem Inhalt geführt hatte[23], stimmte den Leser schon ein auf eminent heils- und unheils-, glücks- und providenzträchtiges Geschehen – auf ‚Geschichte‘ in jener Universalität also, die allein das Mittelalter dem Begriff zumessen

---

22 Beide sind nicht nur hier miteinander (und zusammen wiederum mit dem Magnetberg-topos) verbunden; vgl. Burghart Wachinger, ²VL 10 (1999), Sp. 753–756; Sonja Kerth und Elisabeth Lienert: „Die Sabilon-Erzählung der ‚Erweiterten Christherre-Chronik‘ und der ‚Weltchronik‘ Heinrichs von München". In: *Studien zur ‚Weltchronik‘ Heinrichs von München* 1, hg. von Horst Brunner. Wiesbaden 1998, S. 421–475, hier 423–439.

23 Um der Komplexitätsreduktion willen wurde sie hier nur in äußerster Raffung resümiert; ergänzende Bezüge etwa auf Salomons Tempelbau oder den Mythos der Amazonen blieben bewusst ausgespart.

konnte, weil es in der *historia* Himmel, Welt und Hölle zugleich erfasst sah.[24] Dieses Geschehen ist Gegenstand des am Sarkophag befestigten Folianten, der, indem Reinfrit ihn seinen Gefährten verliest, als ,Buch im Buch' unmittelbar in die Handlung integriert wird. Die Rolle Reinfrits, des intradiegetischen Lesers, ist dabei eher belanglos: Er rezipiert, was als gewaltiges ,Glücksspiel' einst auf dem Inselberg geschah. Er erfährt von dem nachgerade grotesken Raffinement, mit dem der kundige Savilon den Magnetberg zum ,Spielautomaten' um das Schicksal und Glück der Menschheit ausgebaut hatte. Eigentlicher Adressat des Vortrags *im* Roman aber ist nicht er und sein Gefolge, sondern der Hörer und Leser *des* Romans, und *der* erfährt darin viel über Zeit, Zufall und Bestimmung.

Denn es ist eine gewaltige metaphysische Wette der Kontingenz mit der Providenz, die hier imaginiert und ausspekuliert wird. Ihr Gegenstand ist nicht mehr und nicht weniger als das Heil der Welt. Die in mittelalterlicher Literatur topische Trias von Juden, Christen und Heiden findet dabei in einer höchst merkwürdigen Konstellation zusammen: Savilon, so beginnt das Buch, ein junger Fürst aus Athen, Sohn einer Jüdin (und damit nach jüdischem Recht selbst jüdischen Glaubens), begnadeter Astronom und Nigromant, erfährt *um 1200 vor Christus* aus den Sternen vom Faktum und exakten Zeitpunkt der Geburt Christi. Er erfährt auch, dass mit diesem Ereignis das Ende des jüdischen Volkes und seiner heilsgeschichtlichen Bestimmung einhergehen werde:

„Nu sach der selbe jungelinc/ mit zeichen offenbaren/ daz na zwelf hundert jaren/ har uf dise erden/ ein kint solte werden/ von einer megede geborn./ von dem kinde solt verlorn/ werden jüdische diet" (21344–351).[25]

Eigentlich wäre er dadurch zum Propheten prädestiniert. Doch Savilon zieht vor, sein Wissen heilswidrig zu gebrauchen und dem göttlichen Plan durch Nigromantie in die Parade zu fahren. Zu diesem Zweck verfasst er einen Zauberbrief, der die Weissagung der Gestirne unwirksam machen kann, Christi Geburt also potentiell verhindert und dergestalt die Gewähr für die Fortexistenz der Judenheit bietet.

---

24 Zur semantischen Breite des *historia*-Begriffs im Mittelalter vgl. Joachim Knape: *,Historie' in Mittelalter und früher Neuzeit. Begriffs- und gattungsgeschichtliche Untersuchungen im interdisziplinären Kontext.* Baden-Baden 1984; orientierend auch Gert Melville, ³RL 2 (2000), S. 49–52.

25 Nun sah dieser junge Fürst in der untrüglichen Konstellation der Sterne, dass nach 1200 Jahren ein Kind zur Welt kommen sollte durch eine auserwählte Jungfrau. Dies Kind würde das Volk der Juden in Not bringen.

Hierzu zwei Anmerkungen:

1. Die buchstäblich alles entscheidende Rolle, die Bücher und Briefe im Kontext der Savilonmythe spielen, lässt ermessen, wie stark auch die noch immer mehrheitlich orale Laienkultur um 1300 einer nachgerade sakralen Wirksamkeit des Mediums *Schrift* vertraute.

Und 2.: Der religiös fundamentierte Antijudaismus, der die gesamte Geschichtsspekulation durchzieht, bedient sich in der Savilonfigur einer aus heutiger Sicht fragwürdigen, im Mittelalter aber durchaus verbreiteten Melange tradierter Klischees: Der Magier verkörpert – man denke an den ikonographischen Topos der Synagoge mit verbundenen Augen – wissentliche Blindheit bei zugleich höchster Bildung und im Bund mit schwarzer Magie und Dämonenkraft. Dies macht ihn gefährlich, und dies sondert ihn buchstäblich von der Menschheit ab, ja aus ihr aus.

Indes: Auch Savilon ist als Mensch sterblich, und er weiß dies natürlich, womit das Problem der im Wortsinn ‚tod-sicheren' Verwahrung seines wirkmächtigen Wissens um die drohende Ankunft Christi und seiner Mittel dagegen akut wird. Hier nun erweist Savilon sich nicht mehr nur als exzellenter Magier, sondern auch als virtuoser Techniker und Architekt, der mit Dämonenhilfe am unerreichbarsten Punkte der Erde, eben auf dem Magnetberg, eine riesige, von ausgeklügelten Apparaturen geschützte Festung erbaut. Nach Fertigstellung seines menschenfeindlichen Artefakts bannt er seine dämonischen Helfer ins Glas (einen wird Virgil später daraus befreien und zum Wegweiser gewinnen, s. o.) und versteckt die magischen Bücher, an denen der weitere Gang der Weltgeschichte so unmittelbar hängt. Eines findet Platz unter den eigenen Füßen und sorgt fortan dafür, dass Savilons Geist, d. h. seine Zauberkraft, auch im Zustand des körperlichen Todes fortlebt:

„[So] wolt er den geist in sînen lip,/ so daz er staeteclîch belîp/ bî im haben müeze./ die wîl er sîne füeze/ dar ûf hat gesetzet,/ so moht er niht geletzet/ werden an dem lebende./ in einem twalme swebende/ was sîn lebelîcher geist" (21471–479).[26]

Eine ausgeklügelte mechanische Statue, die bei bloßer Berührung einen tödlichen Hammer fallen lässt, soll die Entwendung dieses Buches, von dem die Wirksamkeit aller anderen Vorkehrungen abhängt, unmöglich machen. Den die Macht der Gestirne aufhebenden Brief aber verbirgt Savilon in seinem eigenen Körper, nämlich im Ohr.

---

26 Er wollte den [lebendigen] Geist in seinem [sterblichen] Körper bannen. So lange seine Füße das Buch berührten, blieb der Geist in einer Art Dämmerschlaf am Leben.

Dergestalt von der irreversiblen Annihilierung des durch ihn gehüteten Geheimnisses überzeugt, fällt er in einen Dämmerzustand zwischen Tod und (kraft des Buches unter seinen Füßen) geistigem Schlaf, der mehr als ein Jahrtausend lang ungestört anhält:

„Des buoches kraft diu friste in/ daz er uf einem sezzel saz/[weder] tot noch lebende, die wîl daz/ buoch under den füezen lac" (21496ff.).[27]

Den heutigen Leser überrascht, fasziniert, verwirrt vielleicht die raffiniert-technizistische Phantasie des Dichters, die sich in Savilons Festungsarchitektur über Hunderte von Versen auslebt, dabei übrigens allen Regeln antik-mittelalterlicher Deskriptionskunst gehorchend. Nicht von ungefähr wecken Savilons Werke für heutige Leser Assoziationen an technische Phantasmagorien jüngerer Zeit. Im Werk John R. Tolkiens etwa – um hier einen Kronzeugen zu nennen, der als Inhaber des Lehrstuhls für altgermanisch-altenglische Literatur in Oxford (seit 1925) gewissermaßen Fachmann auf diesem Gebiet war – sind sie Legion. Die zwei riesigen Wächterstatuen, der einsame, massiv befestigte Berg in unwirtlicher Umgebung, der eine fatale Anziehung auf das Böse ausübt: eindrückliche Motive wie diese finden sich in Tolkiens imaginären Weltentwürfen wieder, und auch exotische Monstra guter wie böser Observanz – im ‚Ernst' und im ‚Reinfrit' Arimaspen, Hundsköpfe, Pygmäen oder Riesen – haben in den Geschöpfen Mittelerdes, in *Hobbits*, *Orks* und *Trollen* ihre phänotypischen Pendants, von den magisch begabten Handlangern der einen und andern Seite (Savilon vs. Virgil, Saruman vs. Gandalf) ganz zu schweigen.

Doch gibt es einen wesentlichen Unterschied zwischen den schicksalhaften Bergen um 1300 und bei Tolkien, der über den Tatbestand geographisch-historischer Pseudorealität im einen, surrealer Symbolizität im anderen Fall weit hinausgeht. In der Savilonmythe haben alle architektonischen und topographischen Details bei aller Tendenz zur ästhetischen Verselbständigung noch eine klare theologisch-providenzielle Funktion. Denn – natürlich – kommt es anders, als der jüdische Gelehrte so eiskalt kalkulierte und mit immensem technischem Aufwand programmierte. Die eitle Gewissheit, Gottes Pläne mit und in der Geschichte durchkreuzen, sich Geschichte und Natur gegen ihren Schöpfer unterwerfen zu können, findet zur exakt vorbestimmten, von Savilon einst in den Sternen geschauten Zeit ihre planvolle Widerlegung. Denn präzis 1200 Jahre nach Savilon erfährt ja Virgil, der ‚weiße' Magus aus Mantua, von den geheimen Büchern und ihrem Verwahrort, bricht auf, findet die

---

[27]   Die Macht des Buches erhielt ihn am Leben, so dass er auf seinem Sessel saß, weder tot noch lebendig, solange nur das Buch unter seinen Füßen lag.

Festungsinsel und ihren Erbauer. Als er dem Untoten zuletzt den alles entscheidenden Brief aus dem Ohr zieht, bricht der gesamte magische Bann in sich zusammen. *Im gleichen Augenblick* – ein wahrhaft welthistorischer Moment – setzt mit Christi Geburt das vorbestimmte Heilswerk ein, löst der Neue, christliche Bund den Alten, jüdischen ab:

„Diz was eben in der trift/ do diz vant Virgilîus,/ daz ouch Octavîânus/ ze Rome lepte keiserlîch/ und diu reine minnenclîch/ Marîâ, muoter magt, gebar/ got mensch ûf die erden har" (21674–680).[28]

Savilon aber wird durch den Hammer seiner eigenen Schutzapparatur zerschmettert. Vor seiner Ab- und Rückreise lässt Virgil ihm daher den mächtigen Katafalk anfertigen, an welchem 1200 Jahre später Reinfrit das Buch findet, in dem sich das ganze Geschehen bewahrt hat – und aus dem es Reinfrits Gefährten wie die romanexternen Hörer und Leser vernehmen. – Soweit reicht der Inhalt des ‚Buchs im Buche'. Was weiter Virgil und die Seinen unternehmen, wie sie vor allem vom Magnetberg wieder fortkamen, verschweigt der Erzähler mit der markanten Begründung: „Daz stuont an disem buoche niht" (21713).

Man muss sich nicht näher mit mittelalterlicher Geschichtstheologie und Geschichtsspekulation auskennen, um zu erahnen, dass das behauptete Buch (und mit ihm der ‚Reinfrit'-Dichter) ein singulär brisantes literarisches Spiel mit dem Kernereignis christlicher Zeit- und Heilsauffassung treibt, nach dem bis heute die Geschichte in eine Phase *vor* und *nach Christi Geburt* geschieden wird.[29] Die Unerhörtheit der Spekulation mag den Interpreten dazu ermächtigen, eine eigene Spekulation dagegenzusetzen: Gesetzt den Fall, ein Inquisitor stellte um 1300 (es gab das Amt zu dieser Zeit bereits) den Dichter zur Rede; er hielte ihm vor, die Verwirklichung des lange vorbedachten Gotteswillens in der Savilon-Virgil-Geschichte dem Zufall, mehr noch: der *Willkür* schwarzmagischer Kunst anheimgegeben zu haben; er klagte an, der Dichter habe unterstellt, dass Gott dubioser heidnischer Helfer bedürfe, um seinem Willen *im letzten Moment* zum Durchbruch zu verhelfen; dergestalt habe er Gottes Allmacht und die Heilstatsachen zum Spielball des blinden Glücks gemacht.

---

28 Exakt zu der Zeit, als Virgil dies alles auffand, lebte in Rom in kaiserlichen Würden Octavianus; zu derselben Zeit brachte Maria, die reine Jungfrau und Mutter, Gott als Mensch zur Welt.

29 Dazu vgl. zuletzt Peter Strohschneider: "Sternenschrift. Textkonzepte höfischen Erzählens". In: *Wolfram-Studien* 19 (2006), S. 33–58.

Man muss kein Inquisitor sein, um solche Vorwürfe *prima vista* für plausibel zu halten. Auch Teile der jüngeren Deutungsgeschichte vertraten die Ansicht, im Savilonbuch des ‚Reinfrit von Braunschweig' gerate theologisch Sicheres ins Fließen, werde Providenz kontingent, werde Gottes Wirken für korrumpierbar und revidierbar erklärt. Doch stimmt das Urteil, hält der erste Blick den Textbefunden stand? War der anonyme Autor wirklich der freigeistige Spieler, der Gott seinerseits spielen ließ mit der Schöpfung? Wettet Gott im Savilon-Exkurs tatsächlich mit so hohem Einsatz und offenem Ausgang, gibt es hier gar, *horribile dictu*, eine widergöttliche Instanz gleicher Macht, die jedem Bibelwissen widerspricht, da auch die gefallenen Engel Gottes Geschöpfe sind und seinem Plan unterliegen?

Man darf den Dichter in all diesen Punkten wohl freisprechen – und dies strikt auf den Text gestützt namens der Philologie, nicht der Theologie. Zunächst einmal belegt die Savilon-Mythe dem reinen Geschehensablauf nach ja nichts anderes als das, was mittelalterliche Geschichtsdeutung allenthalben lehrte: Widerstand gegen die Providenz ist nicht allein sündhafte *superbia,* sondern auch Unsinn und Verblendung. Denn jede Macht scheitert an der transzendenten Allmacht, die sich auch ungewöhnlicher Werkzeuge (und sei es eines heidnischen Dichters und Sehers) bedienen kann. Daß im übrigen Publius Vergilius Maro, der namhafteste Dichter des augustäischen Zeitalters, nahezu Zeitgenosse Christi und im Mittelalter Prototyp gelehrten Künstlertums, dass jener seit dem 8. Jahrhundert so eifrig gelesene und abgeschriebene Schulautor ein besonders ungeeignetes Werkzeug Gottes wäre, ist aus der Warte eines Zeitgenossen füglich zu bezweifeln. Nicht allein, dass dieser Autor der Stadt Rom und dem weiterlebenden Imperium Romanum des Mittelalters mit Aeneas' Flucht aus Troja einen vielgerühmten Ursprungsmythos lieferte: der *poeta vates* aus Mantua galt mittelalterlichen Gelehrten auch als Künder der Inkarnation Christi, weil seine Vierte Ekloge sich als Prophezeiung des Weihnachtsgeschehens lesen ließ.[30] Kein Geringerer als Dante wird Vergil daher fast zeitgleich mit dem ‚Reinfrit von Braunschweig zu seinem Führer durch die Schrecken des *Inferno* machen. Eine solche Figur ist kaum dazu angetan, Gott durch ihren Dienst zu desavouieren; vielmehr ist sie schon durch die Rezeptionstradition zum ‚Proto'- und Gesinnungschristen prädestiniert.

Wie aber verhält es sich mit der angeblich gottgleichen Macht Savilons? Der Deutung, es wäre durch die Zufallstat Vergils „die Heilsgeschichte der Menschheit gerade noch einmal gut gegangen", nachdem der magische Bann „immerhin 1200

---

30   Zur Vergilrezeption im Mittelalter vgl. grundlegend Worstbrock (wie Anm. 6), Sp. 247–284.

Jahre erfolgreich war"[31], läuft der Erzählerhinweis konträr zuwider, dass Gott sich erst einschalte, wenn ,die rechte Zeit gekommen ist' („in der zît sô ez wesen sol", 21528). Das will heißen: Wohl war Savilons Glücksspiel zwölf Jahrhunderte lang erfolgreich – aber dies lag eben im historischen Plan, der vorsah, dass Virgil gerade in dem Augenblick zum Magnetberg aufbrechen würde, in dem die Zeit ihrer Erfüllung nahte. Zufall wird man dies kaum nennen, eher wird Savilons Glücksspiel beendet durch ein höheren Ortes gespieltes *Planspiel*, in welchem Savilon nur ein Spielstein ist, aus dem Felde geworfen von jenem anderen namens Virgil. Dem Dichter war klar: Gott würfelt nicht. Dass Savilon gleichwohl mit ihm würfeln will, sieht er als maßlose Torheit an:

„Der künste rîche tôre [Savilon]/ wânde got betwingen/ an sô hôhen dingen/ diu man mit keinen sachen/ mohte wendig machen,! sô eht kam diu rehte zît" (21512–517).[32]

Wie aber – und allmählich gelangt die interpretatorische Reise durch komplexe Erzählwelten über die höchsten und letzten Dinge zum Ende – verträgt sich mit dem himmlischen Planspiel die determinierende Macht der Gestirne? Denn aus den Sternen wusste Savilon ja, was 1200 Jahre später sich zu ereignen anstand. Wie, anders gesagt, lässt sich der Glaube an die Omnipotenz Gottes mit der Vorstellung der Abhängigkeit allen Geschehens vom Lauf der Planeten vereinbaren? Und, noch prekärer mit Blick auf einen Übeltäter wie Savilon: Kann es menschliche Willensfreiheit und Schuld geben, wenn doch alles Tun von den Sternen gelenkt wird?

Es sind dies hochaktuelle Fragen, wie wir wissen, zumal wenn man das ,Label' Astrologie etwa durch das der Neurowissenschaften ersetzt. – Unter Theologen, Chronisten, Enzyklopäden, sämtlich Lateinern, waren solche Fragen bereits um 1300 ein vielerörtertes Sujet. Der ,Reinfrit'-Dichter, *poeta doctus* auch hier, greift in der Savilonmythe auf den Theologendiskurs zur Astrologie und zur Willensfreiheit zurück. Er stellt dabei rückhaltlos auch die Wirkmacht der Gestirne unter die Verfügbarkeit der Providenz, gegen die nicht die Himmelsbewegungen, sondern allenfalls deren menschliche Deuter ihre Macht bzw. Ohnmacht erproben. Aus makrokosmischen

---

31 So Alfred Ebenbauer: „Spekulieren über Geschichte im höfischen Roman um 1300". In: *Philologische Untersuchungen. Fs. Elfriede Stutz*, hg. von A.Ebenbauer, Wien 1984, S. 151–166, hier 155.

32 Der gebildete Narr wollte Gott überlisten in einer derart gewichtigen Angelegenheit, die doch *mit keinen Mitteln* zu verhindern war, sobald *der rechte Augenblick* gekommen war.

Phänomenen im All leiten sich nach Auffassung der Astrologen (und nichts unterscheidet hier vormoderne Sterndeutung von moderner Horoskopie) bestimmte Wirkungen im menschlichen Mikrokosmos her: Konstellation X, Aszendent Y führt zu Glück im Beruf, im Spiel, in der Liebe. Dies akzeptiert auch der anonyme Epiker, aber doch nur mit der gewichtigen Ergänzung (*de facto* eine klare Einschränkung), dass auch die Bewegungen der Himmelskörper und ihre Wirkungen von der Providenz gelenkt seien. Menschlicher Freiheit obliegt es daher nur, die *Lenkung* zu erkennen, nicht aber sie zu korrigieren, wie Savilon dies versuchte.

Providenz, Fortuna, Astrologie. Holzschnitt, 15. Jht.

Die Eingangsfrage darf damit als beantwortet gelten: Für den kundigen Hörer war die gewaltige Spekulation des ‚Reinfrit'-Dichters kaum auf den Nenner eines im Ergebnis offenen Glücksspiels zu bringen, sondern war Strategie- und Garantiespiel mit feststehendem Verlierer. Ob auch weniger kundige Hörer die nötigen Voraussetzungen mitbrachten, die Leerstellen- und Appellstruktur des Textes so zu durchdringen, steht auf einem anderen Blatt. Manches spricht dafür, dass nicht jeder Rezipient um 1300 der Komplexität des universalgeschichtlichen Szenarios gewachsen war, das der Dichter vor ihm entfaltete.

Ein Faszinosum ganz eigener Art bleibt unbeschadet dessen die Einbettung der Savilonmythe in den Magnetbergtopos: Es hat etwas Atemberaubendes, mit welcher

Konsequenz sich die über einen Zeitraum von zweimal 1200 Jahren gespannte Geschichtsspekulation in extremster Raumreduktion auf ein winziges, motivgeschichtlich stark ‚vorbelastetes' Felseneiland am Rande der Oikumene, der bewohnten Welt,
kapriziert: Um 1200 v. Chr. hatte Savilon in den Sternen von Jesu Erscheinen gelesen,
um die Zeitenwende besuchte Virgil den Ort und vereitelte Savilons Vorkehrungen in
unbewusster, doch höherer Mission, um 1200 schließlich spürt Reinfrit mit seinem
Gefährten „inmitten der noch völlig erhaltenen, fast musealen Charakter tragenden
Baulichkeiten des Agetsteins"[33] den vorausgegangenen Zeitenwenden und Wendezei-
ten nach. Da aber ist das Spiel schon lange zu Ende, das die Welt 1200 Jahre lang un-
bewusst in Atem gehalten hatte. Entsprechend ungerührt (eben wie Museumsbesu-
cher) nehmen die neuen Reisenden dessen Relikte zur Kenntnis.

Allein die Folgen von Savilons Unglück beschäftigen noch die erzählte Gegenwart
Reinfrits – und die reale des Dichters um 1300: Im Zentrum des Romans steht ein
christlich-muslimischer Krieg um das drei Religionen gleichermaßen Heilige Land,
und der Dichter erlebt und beklagt im traumatischen Fall der letzten Kreuzfahrerfeste
Akkon 1291 ahnungsvoll das endgültige Scheitern der Ära der Kreuzzüge. Die beiden
beteiligten Religionen Christentum und Islam sind – was natürlich auch das Mittelalter wusste – historische Filiationen jener jüdischen (*alten*) *ê*, auf deren Fortexistenz
Savilon alles gesetzt, für die er alles eingesetzt, mit der er alles verloren hatte. Die
Folgen sind bekannt, und es ließe sich hier unmittelbar eine weitere, als Spiel um
Glück und Leben inszenierte poetische Spekulation anschließen: Die aus dem *Deca-
merone* Giovanni Boccaccios adaptierte – womit wir wieder im 14. Jahrhundert stün-
den – ‚Ringparabel' Gotthold Ephraim Lessings, die, wiederum im fernen Osten, um
Wert und Wahrheit der drei monotheistischen Religionen ringt. Dieser Weg ist allerdings im Rahmen dieses Beitrags nur mehr anzudeuten, nicht mehr zu beschreiten.

„... ‚Ich dächte, / Daß die Religionen, die ich dir / Genannt, doch wohl zu unterscheiden wären. / Bis auf die Kleidung, bis auf Speis' und Trank!' / –‚Und nur von
seiten ihrer Gründe nicht. / Denn gründen alle sich nicht auf Geschichte? /
Geschrieben oder überliefert! Und / Geschichte muß doch wohl allein auf Treu / Und
Glauben angenommen werden? Nicht? / Nun, wessen Treu und Glauben zieht man
denn / Am wenigsten in Zweifel? Doch der Seinen? / Doch deren Blut wir sind? ...'"

---

33 Otto Neudeck: *Continuum historiale. Zur Synthese von tradierter Geschichtsauffassung
    und Gegenwartserfahrung im ‚Reinfried von Braunschweig'*. Frankfurt/M. u. a. 1989, S. 176.

Bibliographie

Achnitz, Wolfgang, *Babylon und Jerusalem. Sinnkonstituierung im ‚Reinfried von Braunschweig' und im ‚Apollonius von Tyrland' Heinrichs von Neustadt.* Tübingen 2002

Bartsch, Karl (Hg.), *Reinfrid von Braunschweig.* Stuttgart/Tübingen 1871

Beckers, Hartmut, „Brandan und Herzog Ernst. Eine Untersuchung ihres Verhältnisses anhand der Motivparallelen". In: *Leuvense Bijdragen* 59 (1970), S. 41–55

Behr, Hans-Joachim Hg., *‚Herzog Ernst'. Eine Übersicht über die verschiedenen Textfassungen und deren Überlieferung.* Göppingen 1979 (Litterae 62)

Brunner, Horst, Herweg, Mathias Hgg., *Gestalten des Mittelalters. Ein Lexikon historischer und literarischer Personen in Dichtung, Musik und Kunst.* Stuttgart 2007

Delumeau, Jean, *Angst im Abendland. Die Gechichte kollektiver Ängste im Europa des 14. bis 18. Jahrhunderts. Deutsch von Monika Huebner* u. a. Reinbek 1985

Doberentz, Otto, „Die Erd- und Völkerkunde in der Weltchronik des Rudolf von Hohen-Ems". In: *ZfdPh* 12 (1881), S. 257–301 und 387–454, ZfdPh (1882), S. 29–57 und 165–223

Ebenbauer, Alfred, „Spekulieren über Geschichte im höfischen Roman um 1300". In: *Philologische Untersuchungen. Fs. Elfriede Stutz*, hg. von A. Ebenbauer, Wien 1984, S. 151–166

Ehrismann, Gustav Hg., *Rudolfs von Ems Weltchronik. Aus der Wernigeroder Handschrift.* Berlin 1915, ND Dublin/Zürich 1967 (DTM 20)

Folkerts, Menso, „Klaudios Ptolemaios [Ptolemaios 65]". In: *Der neue Pauly* 10 (2001), Sp. 559–570.

Herweg, Mathias, „Herkommen und Herrschaft. Zur Signatur der Spätausläufer des deutschen höfischen Romans um 1300". In: *Archiv* 241 (2004), S. 241–287

Herweg, Mathias, *Wege zur Verbindlichkeit. Studien zum deutschen Roman um 1300 und zur Entwicklung epischer Historizität im 13. Jahrhundert.* Wiesbaden 2010 (i. Dr.)

Herz, Randall, Huschenbett, Dietrich, Sczesny, Frank, Hgg., *Fünf Palästina-Pilgerberichte aus dem 15. Jahrhundert. Mit einem Beitrag von Nicky Zwijnenburg-Tönnies.* Wiesbaden 1998

Kern, Manfred, Ebenbauer, Alfred Hgg., *Lexikon der antiken Gestalten in den deutschen Texten des Mittelalters.* Berlin 2003

Kerth, Sonja, Lienert, Elisabeth, „Die Sabilon-Erzählung der ‚Erweiterten Christherre-Chronik' und der ‚Weltchronik' Heinrichs von München". In: *Studien zur ‚Weltchronik' Heinrichs von München* 1, hg. von Horst Brunner. Wiesbaden 1998, S. 421–475

Knape, Joachim, *‚Historie' in Mittelalter und früher Neuzeit. Begriffs- und gattungsgeschichtliche Untersuchungen im interdisziplinären Kontext.* Baden-Baden 1984

Lecouteux, Claude, „Die Sage vom Magnetberg". In: *Fabula* 25 (1984), S. 35–65

Lecouteux, Claude, *Les monstres dans la littérature allemande du moyen âge. Contribution à l'étude du merveilleux médiéval.* 3 Bde. Göppingen 1982

Neudeck, Otto, *Continuum historiale. Zur Synthese von tradierter Geschichtsauffassung und Gegenwartserfahrung im ‚Reinfried von Braunschweig'.* Frankfurt/M. u. a. 1989

Ohler, Norbert, *Reisen im Mittelalter.* München 1986

Paravicini, Werner, „Von der Heidenfahrt zur Kavalierstour. Über Motive und Formen adligen Reisens im späten Mittelalter". In: *Wissensliteratur im Mittelalter und in der Frühen Neuzeit. Bedingungen, Typen, Publikum, Sprache*, hg. v. Horst Brunner u. Norbert Richard Wolf. Wiesbaden 1993 (WILMA 13), S. 91-130.

Ruh, Kurt, Wachinger, Burghart u.a. Hgg., *Die deutsche Literatur des Mittelalters. Verfasserlexikon.* 2., völlig neu bearb. Auflage. 13 Bde. Berlin/New York 1978–2007

Siebert, Johannes, „Virgils Fahrt zum Agetstein". In: *PBB* 74 (1952), S. 193–225

Simek, Rudolf, *Erde und Kosmos im Mittelalter. Das Weltbild vor Kolumbus.* München 1992.

Sowinski, Bernhard Hg., *Herzog Ernst. Ein mittelalterliches Abenteuerbuch. In der mittelhochdeutschen Fassung B nach der Ausgabe von Karl Bartsch mit den Bruchstücken der Fassung A.* Stuttgart ³2003

Strohschneider, Peter, „Sternenschrift. Textkonzepte höfischen Erzählens". In: *Wolfram-Studien* 19 (2006), S. 33–58

Vögel, Herfried, *Naturkundliches im ‚Reinfried von Braunschweig'. Zur Funktion naturkundlicher Kenntnisse in deutscher Erzähldichtung des Mittelalters.* Frankfurt/M. u. a. 1990

Der Teufel schuf das Würfelspiel...

Brett- und Glücksspiele im Mittelalter

Frank Meier (Karlsruhe)

Unter dem prägnanten Titel *Volles Risiko* stand 2008 die Sonderausstellung des Badischen Landesmuseums Karlsruhe zur Geschichte des Glücksspiels.[1] Die Ausstellung zeigt – Kulturwissenschaft und Alltagsgeschichte haben nach wie vor Konjunktur. Kein Wunder, ist doch das Spiel ein herausragendes Beispiel für die epochenübergreifende Kontinuität kultureller Errungenschaften in der Geschichte und bringt uns ferne und fremde Epochen näher.[2]

Bereits der niederländische Kulturhistoriker Johan Huizinga (1872–1945) führte den Ursprung aller menschlichen Kultur in seinem Werk *Homo ludens* auf das Spiel zurück. Das Spiel – und das gilt auch für das Glücksspiel – ist nach Huizinga durch das Element des freien Handelns gekennzeichnet, lässt den Alltag vergessen, dient der unmittelbaren Triebbefriedigung, ist in sich abgeschlossen, zeitlich begrenzt und macht süchtig.[3] Und genau in der Sucht liegt die Gefahr des Glücksspiels. Das war bereits im Mittelalter so, wie verschiedene Quellengattungen literarischer, bildlicher und normativer Herkunft aus verschiedenen Jahrhunderten belegen. Die Gründe für

---

1   Vgl. *Volles Risiko! Glücksspiel von der Antike bis heute, Katalog zur Ausstellung des Badischen Landesmuseum Karlsruhe*, hg. vom Badischen Landesmuseum, Karlsruhe 2008.

2   Vgl. etwa: Frank Meier, *Von allerley Spil und Kurzweyl. Spiel und Spielzeug in der Geschichte*, Ostfildern 2006; Günther Georg Bauer, *5000 Jahre Würfelspiel. Katalog der Ausstellung im Schloss Kleßheim vom 31. August–31. Oktober 1999 und im Casino Linz (Casineum) vom 12. November–9. Dezember 1999*, Salzburg 1999 (Institut für Spielforschung und Spielpädagogik an der Universität Mozarteum Salzburg); Manfred Zollinger, *Geschichte des Glücksspiels. Vom 17. Jahrhundert bis zum Zweiten Weltkrieg*, Wien, Köln, Weimar 1997; Christiane Zangs/Hans Holländer, *Mit Glück und Verstand. Zur Kunst- und Kulturgeschichte der Brett- und Kartenspiele, 15.–17. Jahrhundert*, Aachen 1994; Georg Himmelheber, *Spiele. Gesellschaftsspiele aus einem Jahrtausend*, München 1972 (*Kataloge des Bayerischen Nationalmuseums München* 14).

3   Vgl. Johan Huizinga, *Homo Ludens. Vom Ursprung der Kultur im Spiel*, Reinbeck 1987.

seine Diskriminierung waren daher weitgehend die gleichen wie heute auch und entziehen sich daher weitgehend einem chronologischen Ansatz.

Es waren vor allem Wurfzabel, auch Puff, *tric-trac* (Frankreich), *tavole reale* (Italien) und *tablas reales* (Spanien) genannt, und Würfel, die im Mittelalter immer wieder in Verruf gerieten. Die Ursprünge des heute als Backgammon bekannten Wurfzabel liegen in Indien, Persien und im alten Ägypten. Durch die Kreuzzüge wurde es im mittelalterlichen Europa bekannt. Das Spielebuch Alfons' des Weisen von 1283 beschreibt das Wurfzabel-Spiel, und die Manessische Liederhandschrift aus dem beginnenden 14. Jahrhundert zeigt zwei Adlige des Dienstmannengeschlechtes von Baden aus dem 13. Jahrhundert beim Tric-Trac (Cod. Pal. germ. 848, 262v).

Dieses mit Abstand beliebteste volkstümliche Brettspiel wurde auf einfachen, mitunter auch auf zusammenklappbaren und mit Intarsien verzierten Brettern mit eingeritzten Linien nahezu überall gespielt.[4] Ein fast vollständiges Spielbrett fanden Archäologen 1982 in der Kloake des ehemaligen Augustiner-Eremiten-Klosters in Freiburg und das, obwohl den Klerikern eigentlich dieses Spiel streng verboten war. Der Rahmen aus Hartholz ist gezapft, die dünneren Spielpläne sind in Nuten eingeschoben und mit je drei Holznägeln mit dem Rahmen verbunden. Die 24 Spitzen bestehen aus eingelegten Intarsien aus dunklem Edelholz. Die dreißig Spielsteine waren aus Geweih, Knochen oder Holz gedrechselt und zum Teil verziert.[5]

Viele zeitgenössische Abbildungen stellen Würfel- und Brettspieler dar, so Illustrationen in der Liedersammlung *Carmina Burana* (um 1230) oder in der Heidelberger Handschrift des *Welschen Gastes* aus der zweiten Hälfte des 13. Jahrhunderts. Sebald Behams Holzschnitt von 1536 über das Treiben an einem Jungbrunnen zeigt auch ein Wurfzabel spielendes Paar. Dasselbe Motiv enthalten ebenfalls Zeichnungen des Hausbuchmeisters um 1480 und der Dürerschule um 1505 auf Glasscheiben. Auf einer solchen Scheibe von 1532 sitzen Würfelspieler an einem runden Tisch, auf dem Karten und Geldmünzen liegen. Andere Abbildungen kritisieren das Brett- und Wür-

---

4 Vgl. Antje Kluge-Pinsker, *Schach und Trictrac. Zeugnisse mittelalterlicher Spielfreude in salischer Zeit/Römisch-Germanisches Zentralmuseum, Forschungsinstitut für Vor- und Frühgeschichte*, Sigmaringen 1991 (*Publikationen zur Ausstellung „Die Salier und ihr Reich", Monographien/Römisch-Germanisches Zentralmuseum zu Mainz, Forschungsinstitut für Vor- und Frühgeschichte*, Bd. 30), S. 56–88.

5 Günter P. Fehring, *Stadtarchäologie in Deutschland. Sonderheft der Zeitschrift Archäologie in Deutschland*, Stuttgart 1996, S. 81f.

felspiel als sündigen Zeitvertreib, so auf dem entsprechenden Holzschnitt zum Abschnitt über die Spieler aus dem *Narrenschiff* Sebastian Brants, auf dem ein Vater in einer Hand ein Wurfzabelbrett hält.[6]

„Der tiuvel schuof das würfelspil, dar umbe daz er sêlen vil dâ mit gewinnen will", schreibt der bekannte Minnesänger Reinmar von Zweter im beginnenden 13. Jahrhundert.[7] Dennoch: Brettspiele und Würfeln gehörten zu den beliebtesten Arten der Unterhaltung. Der Dichter Hans Sachs (1494–1576) erwähnt in seinem 1544 entstandenen Gedicht *Der gantz haußrat, bey dreihundert stücken...* auch Schach, Karten, Brettspiel und Würfel als feste Bestandteile des Hausrats.[8]

Im Frühmittelalter besaßen die aus Knochen oder Geweih hergestellten Würfel eine längliche Form (Quader). Der Übergang vom Quader zur kubischen Form dürfte im 11. Jahrhundert erfolgt sein. Ab dem 13. Jahrhundert lässt sich etwa in Konstanz das spezialisierte Handwerk des Würflers nachweisen. Der Würfler stellte zunächst Knochenstäbe her, von denen er die Würfelrohlinge absägte, polierte und dann mit dem Drillbohrer die Augen einbohrte. Die größeren Würfel wurden aus Röhrenknochen von Pferden oder Rindern gefertigt. Die meisten Würfel waren jedoch sehr klein. Die Seitenlänge der Konstanzer Würfel beträgt zwischen 4,5 bis 8,0 Millimeter. Einige Exemplare weisen einschwingende Seitenflächen und -kanten auf. Das Augensystem mit ein bis sechs Punkten entspricht dem moderner Würfel. Die Verteilung der Felder ist durchweg identisch, so dass die Summe der gegenüberliegenden Augenfelder wie noch heute sieben ergab; einzig die Drei und die Vier sind mitunter seitenverkehrt eingebohrt.[9]

---

6   Sebastian Brant, *Das Narrenschiff. Nach der Erstausgabe (Basel 1494) mit den Zusätzen der Ausgaben von 1495 und 1499 sowie den Holzschnitten der deutschen Originalausgaben*, hg. von Manfred Lemmer, 3. Aufl., Tübingen 1986, S. 199–202.

7   *Die Gedichte Reinmars von Zweter*, hg. von Gustav Roethe, Leipzig 1887, S. 657.

8   Walter Tauber, *Das Würfelspiel im Mittelalter und in der frühen Neuzeit. Eine kultur- und sprachgeschichtliche Darstellung*, Frankfurt a. M., Berlin, New York 1987 (Europäische Hochschulschriften, Bd./Vol. 959), S. 19.

9   Judith Oexle, „Würfel- und Paternosterhersteller im Mittelalter", in: *Der Keltenfürst von Hochdorf. Methoden und Ergebnisse der Landesarchäologie. Ausstellungskatalog*, Stuttgart 1985, S. 455–462; vgl. a. Marianne Erath, *Studien zum mittelalterlichen Knochenschnitzerhandwerk. Die Entwicklung eines spezialisierten Handwerks in Konstanz* (Dissertation), Freiburg 1996.

Die Spielleidenschaft erfasste alle mittelalterlichen Stände gleichermaßen. Spielbretter und Würfel fehlten an keinem Adelshof. In einem Inventar des Grafen Siboto von Falkenstein aus der Zeit um 1180 sind mehrere Wurfzabelbretter und Würfel aufgelistet.[10] Konrad von Haslau an der Leitha schrieb um 1270–80 das 1264 Reimpaarverse umfassende mittelhochdeutsche Lehrgedicht *Der Jüngling*, ein Erziehungsratgeber für junge Adlige, in dem er auch das Würfelspiel erwähnt (Heidelberg, Universitätsbibl., Cpg 341 Bl. 123ra-131ra).[11]

Solche Ratgeber waren bitter notwendig. Denn der Adel verspielte im Würfelspiel oft große Summen. Albrecht III. der Beherzte, Herzog von Meißen und Landgraf von Thüringen, soll mehr als 100.000 Gulden verzockt haben.[12] Auch wenn der Chronist hier vielleicht übertrieben hat – angesichts solcher Verluste standen viele Existenzen auf dem Spiel. Eustach Schildo klagt daher in seinem *Spielteufel* von 1557:

„Es ist offenbar / das viel Fuersten und Herrn das Spiel in iren Landen nicht verbietten / sondern alletnhalben gestatten / ja selbst gerne spielen / und also den unterthanen zum spiel boes anreitzung und ergernis geben."[13]

Was dem weltlichen Adel recht war, war dem geistlichen Adel billig. Die *Casus Sancti Galli* Ekkeharts IV. etwa schildern, wie der Erzbischof Hatto von Mainz (891–913) und der Konstanzer Bischof Salomon (860–920) miteinander würfeln. Kaiser Otto I. ließ 963 auf einem Konzil Papst Johannes XII. auch wegen seiner angeblichen Spielleidenschaft absetzen. Johann Fischart schrieb dazu 1581 in seinem *Bienenkorb*, dass der beschuldigte Papst beim Würfelspiel den Teufel zu Hilfe gerufen habe.[14] Das *Chronicon Montis Sereni* überliefert um 1232 ein Würfelspiel im Hause des Propstes des Klosters auf dem Lauterberg (Petersberg).[15] Ein seit dem 13. Jahrhundert belegtes Sprichwort bezeugt ebenfalls die Spielleidenschaft in den Klöstern:

---

10 Tauber 1987 (wie Anm. 8), S. 24.

11 Ebd.

12 *Chronicon Ecclesiasticum Nicolai de Siegen O. S. B.*, Jena 1855 (= *Thüringische Geschichtsquellen*, 2), S. 477.

13 Eustach Schildo, „Spielteufel", in: *Teufelsbücher in Auswahl*, hg. v. Ria Stambaugh, Bd. 5, Berlin/New York 1980, S. 115–163, S. 152, Z. 11ff.; Tauber 1987 (wie Anm. 8), S. 24.

14 Tauber 1987 (wie Anm. 8), S. 26.

15 Ebd., S. 25.

„Swa der apt die würfel treit,

spilnt da die münche, daz ist niht ein wunder."[16]

Die Lehrdichtung *Des Teufels Netz* klagt im beginnenden 15. Jahrhundert über trinkende, fluchende und spielende Äbte und Mönche. Über spielende Chorherren heißt es darin:

„Man mag ouch über ettlichen klagen,

Wie sie tuond baizen und jagen,

Darzuo allerlai würffelspil

Tuond si usermassen vil."

(V. 4026 ff.)[17]

Meister Ingold verbot im Traktat *Das guldin spil* von 1432/33 Geistlichen, Kindern und Frauen das Glücksspiel mit Würfeln:

„Nun hörend zu dem spil drü ding. Das erst ist: die person sol nit gaystlich sein, weder priester noch kind das seins vaters prot ißt, noch kain fraw noch nieman der seins gewaltz nit ist, [...]."[18]

Ein Fastnachtsspiel kritisiert im 15. Jahrhundert die Besessenheit und Ausdauer der Priester beim Würfelspiel um Geld, dem „scholder" – ein ganzes Jahr sollen die Priester sogar bei Spiel sitzen, wird übertrieben behauptet.[19] 1510 rügt Johannes Geiler von Kaisersberg in seinem Buch *Granatapfel* das Verhalten der Kleriker.

„[...] die vollen münich vnnd pfaffen [sitzen] / [...] nit in der kirchen / sonnder in der Tabern hinder dem spilbret vnnd guotten wein."[20]

Die Reformatoren geißelten die Spielleidenschaft entsprechend in Wort und Schrift. Der Kantor Eustach Schildo aus der Niederlausitz beklagt 1557 die Spielleidenschaft der Pfaffen und ihre fehlende Bereitschaft, dagegen einzuschreiten. Und der Generaldekan Cypriacus Spangenberg von Spangenberg warnt 1572:

„Vnd das ist wol des Teuffels Spiel /

Das nu die Pfaffheit haben will /

---

16 Zit. n. ebd.

17 Zit. n. Tauber 1987 (wie Anm. 8), S. 25.

18 Meister Ingold, *Guldin Spil*, http://trionfi.com/0/mi/03/ [26.08.2010].

19 Tauber 1987 (wie Anm. 8), S. 25.

20 Zit. n. ebd., S. 27.

Das mag man dabey mercken /
Mit Gott fahen sies zum ersten an /
Berauben selbst Gotts Kirchen / ja Kirchen.

Sie werffen beyd seß, zinck und tauß /
Berauben das Edle Gottes hauss /
Moechtens wol han gelassen /
Solten darinnen dienen Gott /
Nu raubn sie auff der Strassen / ja Strassen."[21]

Wenn Frauen mit Würfeln spielten, galt dies als besonders frivol. Im *Trojanischen Krieg* Konrads von Würzburg aus dem ausgehenden 13. Jahrhundert spielt der als Mädchen verkleidete Achilles mit Deidameia, der Tochter des Königs Lykomedes von Skyros.[22] In dem lateinischen Versepos *Ruodlieb* aus der Mitte des 11. Jahrhunderts wird ein erotisches Würfelspiel zwischen Ruodliebs Neffen und einer Frau geschildert.[23] Bereits Mädchen besaßen knöcherne Würfel, die sogenannten Bickelsteine. So berichtet das nach 1330 geschriebene Gedicht *Das Häslein* über ein damit spielendes Mädchen:

„Herre, ich han in mime schrin
Beslozzen driu pfunt vingerlin
und zehen bikkelsteine."
(Vs. 89ff.) [24]

Peter Suchenwirt, einer der berühmtesten Wappendichter des 14. Jahrhunderts, warnt vor der weiblichen Spielleidenschaft:

„Sitzt sy dann vnd hat des pflicht,
Das sy den geren praittet
Vnd pfennig darein laittet,
Die sy mit würffels spil gewynnt,
Ir weiplich zucht des nit besynnt.

---

21 Cypriacus Spangenberg, *Mansfeldische chronica. Der Erste Theil*, Eisleben 1572, Bl. 373r.; Tauber 1987 (wie Anm. 8), S. 27.

22 Tauber 1987 (wie Anm. 8), S. 22.

23 Ebd., S. 21.

24 Zit. n.: Friedrich Heinrich von der Hagen, *Gesammtabenteuer*, Bd. 2, Stuttgart u. Tübingen 1850, S. 7; Tauber 1987 (wie Anm. 8), S. 21.

Verlur ain weib mit spil ir guot,

Sy möchte gewynen wanckeln muot,

Das sy ain sach vmb pfennig tätt,

Das sy sunst mit züchten latt.

Davon ratt ich den frawen zart,

Das sy vor spil seyen bewart."[25]

Sebastian Brant kritisiert in seinem *Narrenschiff* in dem Kapitel über die Spieler 1494 ebenfalls die Frauen:

„Vil frowen die sint ouch so blindt,

Das sie vergessen, wer sie sint

Vnd das verbieten alle recht

Sollich vermyschung beider geschlecht,

Die mit den mannen sytzen zamen,

Ir zuocht / vnd geschlechtes sich nit schamen

Vnd spyelen / rasslen [= würfeln] / spat / und fruo."[26]

Das Würfelspiel war auch Mittel des Losentscheids: In den mittelalterlichen Passionsspielen ließ man die Soldaten um den Rock Christi würfeln. Wetttrinken als Würfelentscheid war im 16. Jahrhundert bekannt. Auch wurde die Höhe einer Geldstrafe hin und wieder mit Würfeln bestimmt oder in Köln um die Verteilung der Weinladungen gespielt. Um die Besetzung von Ämtern und Schiedsrichterposten wurde hier und da gewürfelt. 1331 beschlossen die niederbayerischen Herzöge, bei Streitigkeiten um die Aufteilung ihrer Ländereien zu würfeln.[27] Kein Wunder also, wenn im Spätmittelalter zahlreiche Würfelbücher erschienen, die aus Wurfkombinationen die Zukunft abzuleiten versuchten. Ferner wurde der Würfel zum festen Bestandteil des Aberglaubens.[28]

Im Mittelalter gab es verordnete Freizeit in Form von Feiertagen, an denen nicht gearbeitet werden durfte. Doch das Spiel zum Zeitvertreib geriet zunehmend unter Beschuss der geistlichen und weltlichen Obrigkeit. Dem Feiertagschristus der Waltensburger Dorfkirche in Graubünden aus dem beginnenden 15. Jahrhundert ist daher auch ein Spielbrett beigegeben.

---

25 Zit. n.: Tauber, 1987 (wie Anm. 8), S. 22f.

26 Zit. n. ebd., S. 23.

27 Ebd., S. 29f.

28 Vgl. ebd., S. 30–34.

Am wenigsten traf es die vornehmen Schachspieler. Denn die literarische Erörterung über den sittlichen Wert des Schachspiels wurde überwiegend mit der Feder ausgetragen. So lehnten einige adlige Dichter das Schachspiel ab. Walther von der Vogelweide dichtet um 1200:

„Gast unde schâde kumt selten âne haz,

nû büezet mir des gastes,

daz iu got des schâches büze."

(Vs. 31, 31 ff.)[29]

Auch Hugo von Trimberg (um 1230 – nach 1313 nach Christus) wandte sich in seiner ständekritischen Schrift der *Renner* gegen das Schachspiel:

„Nu ist ein ander spil,

des herren pflegen, von dem doch vil

sunden unde schaden kommet gerne:

Schachzâbel ich in das spil nenne."[30]

Der fahrende Sänger Herger kritisiert in einer Tierfabel das Schachspiel um Geld:

„Der Wolf und ein gescheiter Mann

fingen Schach zu spielen an

um eine Summe bares Geld.

Jedoch der Wolf, wie's ihm gefällt

ließ unstet schweifen seinen Sinn.

Als gar ein Widder kam vorbei,

gab er die Türme alle zwei

für einen einz'gen Bauern hin."[31]

Nur selten wurde das königliche Spiel dagegen auch zum Gegenstand der Anklage. So bezichtigte Petrus Damiani, Bischof von Ostia, Papst Alexander II., mit dem Florentiner Bischof eine ganze Nacht Schach gespielt zu haben.[32] Die Konzilien sprachen freilich keine expliziten Schachverbote aus, sondern wandten sich vor allem gegen das Würfelspiel, wogegen die Provinzialsynoden hin und wieder auch das

---

29 Zit. n.: Müller 2000 (wie Anm. 2), S. 81.

30 Zit. n. ebd., S. 81f.

31 Zit. n.: Joachim Petzold, *Das königliche Spiel. Die Kulturgeschichte des Schachs*, Stuttgart 1987, S. 117.

32 Müller 2000 (wie Anm. 2), S. 69.

Schachspiel verboten (Trier 1227, Mainz 1316, Würzburg 1329).[33] Kritische Theologen übten allenfalls Kritik an der langen Spieldauer des Schachspiels. Geiler von Kaysersberg (gest. 1510) predigt: „[…] wan schachzabl macht das gemuet weit ußgespreit und verzehrt einer vil zeit darin."[34] Da Brett- und Glücksspiele häufig in Wirtshäusern stattfanden und die Geistlichen so leicht in Kontakt mit Alkohol, Frauen und anderen Laien in Berührung kamen, war der Kirche das Spiel begreiflicherweise ein Dorn im Auge.[35] Spätmittelalterliche Stadtordnungen aus Bologna, Verona, Marseille oder Nürnberg erlaubten ihren Bürgern das Schachspiel.[36]

Die um 1250 entstandene Lehrdichtung *Cato* kritisierte Würfeln und Trick-Track, nicht aber das Spiel mit Kreisel und Kegeln sowie das Lesen:

„du solt lernen tugent vil.

nim einen topf vür würfelspil.

wurfzabel soltu vliehen,

den buochen zuo ziehen. […]

Tugende scholtu vben vil.

Treyb dy kaulen vnd flew wurffelspil."[37]

Hans Folz kritisiert in seinem Reimpaarspruch *Der Spieler* um 1288 „Des Volkes spilsucht weit und prei"[38] und lässt insbesondere an den Glücksspielern kein gutes Haar:

„Zeyg mir ein spiler, wer der sey,

Der einen pfening hat mit got,

Den er mit spil gewunen hot."[39]

Die Spieler fordert er daher am Ende des Gedichtes auf, wegen seines Seelenheils darauf zu verzichten:

„Darum spiler, wie dem alln sey,

Sy nym dir dise ler darpey,

Das du in keinen gnaden rust,

---

33   Müller 2000 (wie Anm. 2), S. 78f.

34   Ebd., S. 81.

35   Vgl. Tauber 1987 (wie Anm. 8), S. 24–29.

36   Zit. n.: Müller 2000 (wie Anm. 2), S. 83f.

37   Zit. nach: Tauber 1987 (wie Anm. 8), S. 46.

38   Hans Folz, *Die Reimpaarsprüche*, hg. v. Hanns Fischer, München 1961, S. 249, Z. 3.

39   Ebd., S. 250, Z. 50–53.

Pis du der ding dich gar abtrust,

Sunst wirstu selig nymer mer.

Allso spricht Hans Folcz barwirer."[40]

Heinrich Wittenwiler beklagt in seinem um 1400 entstandenen *Ring* die schädlichen Wirkungen des Würfelspiels für die Freundschaft:

„Der würffel der ist gar enwicht

Und hat der treuwen in im nicht;

Dar umb so spil nicht, so es gilt,

Mit dem du treuwe halten wilt."[41]

„Das wil ich machen ain büchlin das ich nennen wil das guldin spil, und das wil ich taylen in siben spil, schaffzabel, wider hoffart, pretspil mit den scheiblachen wider fraushayt, kartenspil wider unkeusch, würfelspil wider geitikayt, schiessen wider zoren, tantzen wider trauckayt, saytenspil wider neid und hass", schreibt der Dominikaner Ingold um 1432/33 in seinem Predigtzyklus *Das guldin spil*.[42] Die von ihm erwähnten sieben Spiele gehen auf die Gesamtheit der Tätigkeiten menschlichen Vergnügens und Müßiggangs wie auch die mit ihnen assoziierten sieben Todsünden ein. Auch Sebastian Brant geißelt in seinem *Narrenschiff* von 1494 im 77. Kapitel die Spieler, die auf dem dazugehörigen Holzschnitt durch Narrenkappen als Gottesleugner par excellence ausgewiesen sind, als „Teufels Kinder":

„Von Spylern.

Sunst fynd ich nærrscher narren vil

Die all jr freüd hant jnn dem spyl

Meynend / sie mœchten leben nit

Soltten sie nit vmbgon do mit

Vnd tag / vnd nacht spyelen / vnd rassen

Mitt karten / würfflen / vnd mit brassen

Die gantz nacht / vß vnd vß sie sæssen

Das sie nit schlyeffen oder æssen

Aber man můß gedruncken han

Dann spyel das zündt die leber an

---

40   Hans Folz 1961 (wie Anm. 38), S. 255, Z., 215–220.

41   Zit. n.: Tauber 1987 (wie Anm. 8), S. 46f.

42   Meister Ingold, *Guldin Spil*, http://trionfi.com/0/mi/03/ [26.08.2010].

Das man württ dürr / vnd durstes voll
Des morgens so entpfyndt mans wol
Eyner sicht wie die gůten byeren
Der ander spüwet hynder die tůren
Der drytt eyn varb / hat an sich gnomē
Als wer er vß dem grab erst kumen
Oder glysßt jnn sym angesicht
Glich als vor tag ein schmidtknecht sicht
Den koppff hat er also gebyent
Das er den gantzen tag vff gyent
Als ob er flyegen vohen wolt /
Keyner verdyenen mœcht groß goltt
Das er an eyner predig sæß
Eyn stund / vnd er des schloffs vergæß
Er würd den koppff schlagen jnn gœren
Als ob der prediger vff solt hœren /
Aber jm spyel gar lange zyt
Sitzen / acht man des schloffes nüt /
Vil frowen die sint ouch so blindt
Das sie vergessen wer sie sint
Vnd das verbietten alle recht
Sollich vermyschung beider gschlecht
Die mit den mannen sytzen zamen
Ir zůcht / vnd gschlechtes sich nit schamē
Vnd spyelen / rasslen / spat / vnd frů
Das doch den frowen nit stat zů
Sie soltten an der kunckel læcken
Vnd nit jm spyel byn mannen stæcken
Wann yeder spyelt mit synem glich
Durfft er dest mynder schamen sich
Do Allexanders vatter wolt
Das er vmb gaben louffen solt
Dann er zů louffen vast geng was
Sprach er zů synem vatter das
Billich wær / das ich alles dæt

Das mich myn vatter hieß vnd bæt
On zwifel ich gern louffen wolt
Wann ich mit künngen louffen solt
Man durfft dar zů nit betten mich
Wann ich hett yemans mynen glich /
Aber es ist yetz dar zů kumen
Das pfaffen / adel / burger / frummen
Setzen an kœppels knaben sich
Die jnn nit sint an eren glich
Vor vß die pfaffen mit den leygen
Soltten jr spyel lon vnderwegen
Wann sie echt wol betrachten das
Ir vffsatz / vnd den alten haß
Der Nydthart ist sunst vnder jnn
Der rœgt sich mit verlust vnd gwynn
Vnd ouch das jnn verbotten ist
Keyn spyel zů tůn zů aller frist
Wer mit jm selber spyelen kann
Dem gwynnt gar seltten yemans an
Vnd ist on sorg das er verlyer
Oder das man jm flůch bœß schwůr
Die wile ich aber sagen sol
Was stand eym rechten spyeler wol
Will ich Virgilium har bringen
 Der also redt von selben dingen
Veracht das spyel zů aller zytt
Das dich nit btrůb der schæntlich gytt
Dann spiel ist eyn vnsynnig bgyr
Die all vernunfft zerstœrt jnn dir
Ir dappfern / hůten üwer ere
Das uch das spiel die nit verser
Eyn spieler můß han geltt vnd můt
Ob er verlürt / das han für gůt /
Keyn zorn / flůch / schwür / vß stossen gâtz
Wer gelt bringt / der lůg wol der schantz

Dañ mancher zů dē spiel kumbt schwær
Der doch zůr důren vß gat lær
Wer spielt alleyn durch grossen gwynn
Dem gat es seltten noch sym synn
Der hatt gůt fryd / wer spyelet nit
Wer spyelt der můß vff setzen mitt
Wer all ürten besitzen will
Vnd sůchen glück vff yedem spyl
Der můß wol vff zů setzen han
Oder gar dick on gelt heym gan /
Wer dryg sůcht hat / vnd stelt noch mir
So werden vnser schwestern vier /
Spyl mag gar seltten sin on sünd
Eyn spyeler ist nit gottes fründt
Die spyeler sint des tüfels kynd /"[43]

Bei den Warnungen vor dem Glücksspiel ging es immer wieder um dieselben Vergehen des Fluchens, des Lügens und Betrügens, des Diebstahls, des Streitens und des Totschlags. Spielsucht, Geldgier und Trunkenheit lauteten darüber hinaus die stereotypen Vorwürfe gegen Spieler. Der Wanderprediger Berthold von Regensburg sah um 1250 im Spiel Gefahren für Leib und Leben:

„Es geschehen nämlich viele tausend Sünden durch das Würfelspiel, die sonst nie geschähen: viele tausend Leiber und Seelen gehen verloren, die sonst nicht verloren gingen, wenn man nicht würfeln würde. Daher kommen Mord und Diebstahl, Neid, Zorn und Hass und Trägheit im Dienst gegenüber Gott."[44]

Aufgrund der echten und vermeintlichen schädlichen Auswirkungen des Glücksspiels bemühten sich weltliche und geistliche Obrigkeiten schon früh um Spielverbote. König Ludwig IX. von Frankreich (1226–1270), der den Beinamen der Heilige trug, ließ wegen Fluchens beim Spiel einem armen Sünder die Lippen mit einem heißen Eisen spalten. Der Bamberger Druck *Wie der wuerffel auff ist kumen* zeigt auf

---

43 Zit. n. http://www.hs-augsburg.de/~harsch/germanica/Chronologie/15Jh/Brant/bra_n077.html
    [26.08.2010]; vgl. a. Sebastian Brant, a. a. O., S. 199–202.

44 Gerhard E. Sollbach, *Welt und weltliches Treiben im Spätmittelalter. Aus den Predigten
    des Volks- und Sittenpredigers Berthold von Regensburg (gest. 1272)*, Hamburg 1994,
    S. 63.

seinem Titelblatt zwei sich streitende Würfelspieler und die dafür vorgesehen Strafen des Räderns, Enthauptens und Hängens.[45] Kaiser Otto der Große drohte auf dem Reichstag in Augsburg am 7. August 952 den Klerikern mit der Absetzung, wenn sie weiter Würfel spielten.[46] Der englische König Heinrich II. forderte 1188 die Kreuzfahrer auf, sich des Würfelspiels zu enthalten, und 1190 untersagten der französische König Philipp August und der englische König Richard Löwenherz in Messina ihren Kreuzzugsteilnehmern das Würfelspiel um Gewinn. Kaiser Friedrich II. erließ 1232 ebenfalls ein entsprechendes Verbot. König Ludwig IX. von Frankreich erlaubte seinen Beamten 1255 das Würfelspiel nicht mehr und verbot die Fertigung von Würfeln.[47] Das 4. Laterankonzil verbot 1215 dann sämtliche Spiele außer Schach, insbesondere Würfelspiele. Ein Ärgernis für die hohen Adligen, die Kleriker geworden waren. Immerhin – und hier lag ein gewisser Trost für die Geistlichkeit – wurde das Schachspiel auch bei den nachfolgenden kirchlichen Spielverboten der Konzilien nicht erwähnt. Die Provinzialsynoden allerdings, beispielsweise die Trierer Synoden von 1227 und 1310 oder die Mainzer Synode von 1316, verboten ausdrücklich auch das Schachspiel. Schließlich fasste die Würzburger Synode von 1329 die Spielverbote für Ordensleute zusammen: „Ludus alearum, cartarum, taxillorum, anulorum et globorum monachis et monialibus prohibemus districte" („Das Würfelspiel, das Kartenspiel, das Spiel mit kleinen Würfeln, mit Ringen und mit Kugeln verbieten wir Mönchen und Nonnen strikt."). Der Abt von St. Victor in Marseille schrieb 1377: „Quod nulla persona audeat nec praesumat ludere ad taxillos nec ad paginas nec ad eyssychum" („Dass niemand es wagen oder beabsichtigen sollte, Würfel, Karten oder Schach zu spielen").

Der bekannte Bußprediger Johannes Capistranus (1386–1456) forderte nach seinen Predigten die Zuhörer auf, Luxusartikel und Spielutensilien auf den Marktplatz zu bringen, wo sie dann verbrannt wurden. So geschah es in Wien 1451, in Meißen, Erfurt, Halle, Magdeburg, Regensburg und Nürnberg 1452. Dort sollen dem Chronisten zu Folge 3612 Spielbretter und 20.000 Würfel verbrannt worden sein[48] Auch der Dominikanermönch Girolamo Savonarola (1452–1498) veranstaltete ähnliche Aktio-

---

45 Tauber 1987 (wie Anm. 8), S. 54.
46 Ebd., S. 27.
47 Ebd., S. 60.
48 Ebd., S. 47f.

nen in Italien. Nicht nur Spiele und Würfel, sondern auch Luxusgegenstände wie kostbare Kleider gingen in Flammen auf.

Während in den meisten Städten das Würfelspiel zunächst nur an einigen Plätzen oder zu bestimmten Zeiten untersagt war, wurden diese Spielverbote im Spätmittelalter zunehmend bis hin zu totalen Spielverboten ausgeweitet.[49] 1362 verbot der Straßburger Rat den Geistlichen das Würfeln in ihren eigenen Häusern. Das *Nürnberger Satzungsbuch* erlaubte 1370 allen Bürgern der Stadt das Würfelspiel nicht mehr und untersagte 1381 das Spielen um Geld mit Ausnahme der Volksbelustigungen auf der Hallerwiese. In Braunschweig wurden im 14. Jahrhundert Kleriker oder Fremde, die gegen das Spielverbot verstießen, sogar der Stadt verwiesen.[50] Gespielt werden durfte nun in vielen Städten nicht mehr an Orten, wo Wein ausgeschenkt wurde, also in Wirtshäusern. In den Würzburger Polizeisätzen etwa wurde 1343 *„allerleie wuerfelspil in allen winhofen und an allen steten, da man win schenket"* verboten.[51] Zudem durfte nach einer weiteren Würzburger Ratsverordnung von 1341/42 im Glücksspiel kein fremder Besitz genommen werden, was praktisch auf ein vollständiges Verbot hinauslief: „Ez sol auch nieman dem andern des sinen niht nemen in dem winhofe noch an keiner stat, ez kume von spil oder von andern sachen, an des gerihtes boten."[52] Bischof Gerhard von Würzburg untersagte zum Schutz der Familien und Kinder nach 1376 die Beherbergung von Spielern und erneuerte das allgemeine Spielverbot, „es sye mit wuerfeln, mit kugeln, und auch andere spil, domit man phen-

---

49　Weitere Belege lassen sich leicht in den gedruckten Polizeiordnungen deutscher Städte finden, etwa in: *Nürnberger Polizeiordnungen aus dem 13. bis 15. Jahrhundert*, Stuttgart 1861, hg. v. Joseph Baader, *Straßburger Zunft- und Polizeiverordnungen des 14. und 15. Jahrhunderts*, hg. v. Johann Karl Brucker, Straßburg 1889; *Chroniken der deutschen Städte vom 14. bis ins 16. Jahrhundert*, hg. v. Johann Karl Brucker durch die Historische Kommission der Bayerischen Akademie der Wissenschaften, 37 Bände, Leipzig u. a. 1862–1931, Neudruck Göppingen 1961–1969; *Würzburger Polizeisätze. Gebote und Ordnungen des Mittelalters, 1125–1495*, hg. v. Hermann Hoffmann, Würzburg 1955 (*Quellen zur Rechts- und Wirtschaftsgeschichte Frankens 5*).

50　Vgl. Tauber 1987 (wie Anm. 8), S. 60–67.

51　*Würzburger Polizeisätze. Gebote und Ordnungen des Mittelalters 1125–1495. Ausgewählte Texte*, hg. v. Hermann Hoffmann, Würzburg 1955 (*Veröffentlichungen der Gesellschaft für fränkische Geschichte, X. Reihe, Quellen zur Rechts- und Wirtschaftsgeschichte Frankens*), Nr. 96, S. 67.

52　Ebd., Nr. 54, S. 33.

ninge und phenningswert gewinnen oder verlisen mag in der stat oder dovor, in allen winhoefen, unn wo man win schenkt, heimlich oder offenlich, uff den Judenplacz oder suest, als wyt dye stat ist, und in der marck an allen steten, gaßen unn pleczen." Zusätzlich verhängte er in der Höhe gestaffelte Geldstrafen.[53] Am 24. Januar 1434 untersagte der Würzburger Rat erneut das „spil on kugeln und pretspil in allen winhofen und an allen andern steten".[54] Vor Weihnachten sollten die Würzburger Bürger nach einer weiteren Verordnung vom 9. November 1474 nicht mit Würfeln oder Karten spielen dürfen.[55] In anderen Städten wie München (1365), Augsburg (1377), Kiel (14. Jahrhundert) oder Frankfurt (15. Jahrhundert) gab es lediglich eine Beschränkung des Spieleinsatzes. In München (1365), Regensburg (14. Jahrhundert), Halberstadt (1400), Konstanz (1439), Ulm (1479) und in Straßburg (1493) untersagten die besorgten Stadtväter alle Glücksspiele. Auf das Übertreten der Spielverbote standen Geldstrafen oder Verbannung.[56]

Aber nicht nur Christen frönten dem lasterhaften Glücksspiel, sondern auch Juden.[57] Viele Satzungen jüdischer Gemeinden (*takkanot*) und Rechtsgutachten einzelner Rabbiner zeigen dies, in denen es um Spielschulden ging. So hatte Jakob Weil, 1443 Rabbiner zu Erfurt, zu untersuchen, in dem eine Frau ihren Mann der Zecherei und Zockerei mit Christen in Wirtshäusern bezichtigte.[58] 1418 verbot eine jüdische Synagoge in Forli bei Ravenna italienischen Juden, Räume für jüdische und christliche Zocker zu vermieten und untersagte generell das Glücksspiel für Spiele mit anderen Juden oder Christen.[59] Der Band *Cantigas de Santa Maria* König Alfons' des Weisen von Kastilien zeigt einen Christen und Juden beim gemeinsamen Würfelspiel.[60] Nicht nur Christen, sondern auch südfranzösische und italienische Juden gelobten im 15. Jahrhundert freiwillig, künftig die Finger vom Glücksspiel zu lassen

---

53 Würzburger Polizeisätze (wie Anm. 51), Nr. 227, S. 93; Nr. 228, S. 93f.
54 Ebd., Nr. 291, S. 118.
55 Ebd., Nr. 317b, S. 145.
56 Vgl. Tauber 1987 (wie Anm. 8), S. 60–67.
57 Vgl.: Gerd Mentgen, „Alltagsgeschichte und die Geschichte der Juden: Die Juden und das Glücksspiel im Mittelalter", in: *Historische Zeitschrift* Heft 274/1 (2002), S. 25–60.
58 Ebd., S. 39.
59 Ebd., S. 33.
60 Ebd., S. 36.

oder bestimmte Geldbeträge zu entrichten.[61] Das aus dem 13. Jahrhundert stammende *Buch der Frommen* (*Sefer Chassidim*) machte keinen Unterschied zwischen Prostituierten und gewerbsmäßigen Würfelspielern.[62]

Jüdische wie christliche Theologen kritisierten insbesondere den Wirtshausbesuch insbesondere in den Spelunken, wo es zu Trinkgelagen, Glücksspiel und Kulturkontakten kam eine Gefahr für das Seelenheil. Auch die jüdischen Tavernen waren strengen Rabbinern ein Dorn im Auge.[63] Glück hatte 1442 ein geständiger Chorherr eines Stiftes in der Nähe von Ravensburg, der vom Konstanzer Generalvikar eine Absolution erhielt, weil er am Weihnachtsfest mit einem Juden Karten gespielt hatte.[64] Auch die Pfarrer von Rottenburg erhielten für dasselbe Delikt im gleichen Jahr eine entsprechende Absolution.[65] Die Konstanzerin Margaret aber, die in ihrem Haus mit Juden „gekartet" hatte, wurde dafür 1388 auf zwei Jahre aus der Stadt verbannt.[66]

Die spätmittelalterlichen Spielverbote zeigen: Das Würfeln erfreute sich einer außerordentlichen Beliebtheit, bot doch das Glücksspiel gerade Arm und Reich Hoffnung auf materiellen Wohlstand, Ablenkung von der Plackerei des Alltags und Unterhaltung. Dagegen freilich nützten auch die vielen Verbote wenig.

Um das Laster des Spiels zu kontrollieren und auf bestimmte Plätze zu beschränken, richteten die Städte Spielbanken, Spielhäuser und -stuben ein und verpachteten diese an Privatleute, die am Gewinn beteiligt waren.[67] Die 1379 gegründete Frankfurter Spielbank für Würfler war vorwiegend während der Messezeiten oder an Reichs- und Fürstentagen geöffnet. In Speyer gab die städtische Spielbank nach 1409 jährlich an die 10.000 Würfel in Auftrag. Das Mainzer Spielhaus von 1425 hieß der

---

61 Mentgen 2002 (wie Anm. 57), S. 37f.

62 Ebd., S. 38.

63 Michael Toch, *Die Juden im mittelalterlichen Reich*, München 1998 (*Enzyklopädie deutscher Geschichte*, Bd. 44), S. 41f.

64 *Regesta Episcoporum Constantiensium. Regesten zur Geschichte der Bischöfe von Konstanz*, bearb. v. Karl Rieder, Bd. 4, 1436–1474, Innsbruck 1941, Nr. 10537, S. 82.

65 Ebd., Nr. 10556, S. 84.

66 Wilhelm Ludwig Schreiber, *Die ältesten Spielkarten und die auf das Kartenspiel Bezug habenden Urkunden des 14. und 15. Jahrhunderts*, Straßburg 1937, S. 40.

67 Manfred Zollinger, *Geschichte des Glücksspiels. Vom 17. Jahrhundert bis zum Zweiten Weltkrieg*, Wien, Köln, Weimar 1997, S. 217f.

heiß stein.[68] Auch Straßburg besaß im 15. Jahrhundert ein eigenes Spielhaus. Im Zuge der allgemeinen Spielverbote im ausgehenden Mittelalter wurden die städtischen Spielhöllen nach und nach geschlossen. In Nürnberg waren schon gegen Ende des 13. Jahrhunderts alle Spielhäuser abgeschafft worden, und in Regensburg untersagte König Philipp bereits 1207 das Betreiben von Spielhäusern.[69] In Heidelberg verboten 1442 die Universitätsstatuten Magistern wie Scholaren den Besuch der städtischen Spielhöllen.[70]

Für die Kontrolle der städtischen Spielhöllen gab es eigene Aufseher, *platzmeister*, *bickelmeister* oder *scholdermeister* genannt. Da die Scholderer auch Spiele ausrichteten und am Gewinn beteiligt waren, kam es mit ihnen immer wieder zu Streitigkeiten.[71]

Am Würfelspiel verdienten viele. Konrad von Haslau zählt diese Personen in seiner Erziehungslehre *Der Jüngling* um 1280 auf und warnt vor den Gefahren des Würfelspiels:

„ein istlich rehter spiler
hat vierhande gutswender:
der wurfel liht und der da zelt
und der zu dem pfande ist erwelt;
der vierde von dem tische und dem liht,
daz ist der wirt [...]"[72]

Die *vierhande gutswender*, also die vier am Würfelspiel verdienenden Personen, waren der Würfelverleiher, der Zähler, der Pfandleiher und der Wirt. Der Würfelverleiher achtete darauf, dass die Würfel nicht gezinkt waren. Mit dem Ruf der Würfelverleiher stand es nicht zum Besten, was nicht verwunderlich ist, wenn man bedenkt, wie oft Verbote gegen das Verwenden von gezinkten Würfeln erlassen werden mussten. Der Theologe Thomas Ebendorfer (1387–1464) und der Prediger Johannes Geiler von Kaisersberg (1445–1510) verurteilten die Hersteller und Verleiher von Würfeln. Eine Ulmer Verordnung aus dem 15. Jahrhundert bestrafte Wirte, die Würfel

---

68 Zollinger 1997 (wie Anm. 57), S. 218.

69 Vgl. Tauber 1987 (wie Anm. 8), S. 35–38.

70 *Urkundenbuch der Universität Heidelberg*, Bd. 1, Heidelberg 1886, Nr. 100, S. 145.

71 Vgl. Tauber 1987 (wie Anm. 8), S. 38–42.

72 Zit. n. ebd., S. 38.

verliehen. Mit den zunehmenden Spielverboten ging es dann auch den Würfelver-
leihern „an den Kragen". Der Zähler, auch *reiter* (*reiten* = rechnen) oder *rechner*
genannt, zählte die Würfe zusammen und rechnete Gewinne und Verluste der Spieler
aus. Der Pfandleiher oder Pfandner wurde von den Spielern bestimmt und war nach
dem Wiener Stadtrecht von 1435 berechtigt, für den Sieger den Spielgewinn beim
Verlierer einzutreiben. Im Falle der Zahlungsunfähigkeit durfte der Spieler auch die
Kleider des Verlierers bis aufs Hemd pfänden. Wenn das noch nicht reichte, hatte der
Pfandner die restlichen Spielschulden aus eigener Tasche zu begleichen. In jedem Fall
aber stand ihm ein Teil des Gewinns, das Pfandrecht, zu. Auch der Wirt verdiente
kräftig am Glücksspiel, zum einen durch die Vermietung des Raumes und die Bewir-
tung, zum anderen gelegentlich auch durch die Verleihung der Würfel.[73]

Auch Falschspieler, *würfelknüpfer*, *würfelsetzer*, *doppeldieb*, *zwickenwürfel*, *vier-
täter* oder *spitzbube* genannt, trieben ihr Unwesen. Gezinkte Würfel hießen *ungerech-
te*, *ungleiche* oder *scharfe würfel.*[74] Möglichkeiten, Würfel zu fälschen gab es viele.
Die Würfel konnten verschieden große Seiten besitzen, angeschärfte oder abgeflachte
Ränder aufweisen, auf einer günstigen inneren Seite mit Quecksilber oder Blei an
einer Stelle gefüllt sein bzw. auf einer ungünstigen Seite durch einen Holraum leichter
gemacht werden oder falsch punktiert sein. Echte Würfel sollten dagegen sollten
rechtwinklig sein, ebene Seiten haben, deutlich erkennbare Augen in richtiger Anordnung haben, aus einem Stück gefertigt und gleich groß sein.[75] Zu beachten freilich
ist, dass überhaupt kein historischer Würfel eichgenau gearbeitet ist, was archäologi-
sche Funde aus Konstanz, Göttingen, Erfurt und anderen Städten belegen.[76] Die strengen Bestimmungen über die Würfelherstellung entsprachen damit nicht der Realität.

Das Augsburger Stadtbuch warnt 1276 vor dem Spiel mit gezinkten Würfeln, und
das Verzeichnis der schädlichen Leute der Stadt von 1349 nennt einen Mann namens
Hütlin, der durch Falschspiel aufgefallen war. Eustach Schildo äußert sich in seinem
Spielteufel auch zum betrügerischen Würfelspiel:

„[Der Spielteufel] leret uns auch unrecht spielen / [...] / Wie koennten wir auch so
maisterlich die wuerffel knipfen / dieselben segenen und beschweren, das sie uns auff

---

73 Vgl. Tauber 1987 (wie Anm. 8), S. 38–42.

74 Vgl. ebd., S. 42–45.

75 Erath 1996 (wie Anm. 9), S. 166.

76 Ebd., S. 167.

messerspitzen oder schneiden muessen bestehen bleiben / darzu alzeit tragen, was uns nuetzlich ist / und wie viel augen wir haben wollten."[77]

Auch der 1699 erschienene *Abenteuerliche Simplicissimus Teutsch* schildert das Spiel mit falschen Würfeln:

„Unter den falschen Würffeln befanden sich Niderländer / welche man schläiffend hinein rollen muste / dise hatten so spitzige Rucken / darauff sie die fünffer und sechser trugen / als wie die magere Esel, darauff man die Soldaten setzt. Andere waren Oberländisch / denselben muste man die Bayerische Höhe geben / wenn man werffen wollte. Etliche waren von Hirschhorn / leicht oben / und schwer unden gemacht. Andere waren mit Quecksilber oder Bley / und aber andere mit zerschnittenen Haaren / Schwämmen / Spreu und Kolen gefüttert; etliche hatten spitzige Eck / an andern waren solche gar hinweg geschliffen; theils waren lange Kolben / und theils sahen aus wie breite Schildkrotten. Und alle diese Gattungen waren auff nichts anders / als auff Betrug verfertigt / […]"[78]

Juden standen hin und wieder in Verdacht, falsch zu spielen. Freiherr Johann Wernher d. Ä. von Zimmern erhielt wegen seiner Spielsucht aus Sorge um das Erbe von seinem Vater einen jüdischen Lehrmeister aus Villingen, damit er alle Tricks lerne.[79] Allerdings gehörte der Vorwurf der Würfelzinkerei auch zu den gängigen antijüdischen Stereotypen.[80] So dachten wohl auch zwei Adlige, die sich 1422 von Juden beim Glücksspiel in Nürnberg betrogen glaubten und sich darüber beim Rat beschwerten.[81] Aber nicht alle antijüdischen Vorwürfe lassen sich von der Hand weisen, denn hin und wieder veranstalteten Juden auch eigene Glücksspielveranstaltungen, wie aus einer Verordnung des Bischofs Ruprecht von Straßburg aus dem Jahr 1472 hervorgeht.[82] Auch lassen sich Juden als Kreditgeber für das Glücksspiel und als Händler mit den entsprechenden Spielutensilien nachweisen.[83]

---

77 Zit. n.: Tauber 1987 (wie Anm. 8), S. 43.

78 Zit. n. ebd., S. 43f.

79 Mentgen 2002 (wie Anm. 57), S. 34f.

80 Ebd., S. 42f.

81 Ebd., S. 49.

82 Ebd., S. 53.

83 Ebd., S. 54f.

Daher verwundert es auch nicht, wenn einige besorgte Stadtväter des 15. Jahrhunderts gehäuft Spielbußen gegenüber Juden verhängten, so in Frankfurt am Main, Nürnberg und Nördlingen oder Dresden.[84] Ob hier mit zweierlei Maß gemessen wurde, muss allerdings offen bleiben.

Denn das Spiel mit gezinkten Würfeln wurde von der Obrigkeit für Juden wie Christen gleichermaßen streng geahndet. 1434 ließen die Konstanzer Richter den Ehinger Cuntz mit der Gigen wegen falscher Würfel die Augen ausstechen, was einer Todesstrafe in Raten gleich kam.[85] Auf den Besitz oder das Spiel mit falschen Würfeln stand in der Reichsstadt Ulm Ende des 14. Jahrhunderts eine mindestens einjährige Ausweisung, und das Stadtrecht von Zürich verfügte um 1300:

„Wer dem andern mit valschen wuerfeln sin guot angewinnet und das erzueget wirt / [...] / der sol es wider geben, das er im angewinnet und darzu also vil geben und der stat V pfunt. Were es aber ein buobe, den sol man swemmen und sol V jar von der stat sin."[86]

Der Gewohnheitsspieler (*buobe*) wurde also in einem Korb unter Wasser getaucht und auf fünf Jahre aus der Stadt gewiesen. Das Wiener Stadtrecht von 1435 drohte einem Falschspieler eine Strafe von fünf Pfund und im Falle der Wiederholung das Abschlagen der Hand an. Nach dem Brünner Stadtrecht aus dem 14. Jahrhundert stand darauf das Abhauen des Daumens.[87] Das Augsburger Stadtrecht sah das Handabschlagen schon beim ersten ertappten Falschspielen vor:

„Swer mit dem andern spilt mit holn wurfeln oder mit gefulleten, daz heizzet geviertaetet. Wirt er des bewaeret selbe dritte mit den, die ez gesaehen hant, so sol man ime die hant drumbe abe heizzen slahen [...]"[88]

Nicht umsonst warnt daher das Bild *Garten der Lüste* von Hieronymus Bosch aus der Zeit um 1500 vor dem Glücksspiel. Bosch malt einen Spieler oder Pfandner am Boden. Auf diesem sitzt ein Teufel, der ihn würgt und ihm ein Schwert ins Herz stößt.

---

84 Mentgen 2002 (wie Anm. 57), S. 45f.

85 Philipp Ruppert (Hg.), *Die Chroniken der Stadt Konstanz*, Konstanz 1891, S. 181.

86 Zit. n.: Tauber 1987 (wie Anm. 8), S. 44.

87 Ebd., S. 44.

88 Zit. n. ebd., S. 45.

Auf der Scheibe, die der Unhold auf dem Rücken trägt, ist eine von einem Messer durchbohrte Hand zu sehen.[89]

Das Glücksspiel hatte schon früher einen hohen Preis. Manch einer hatte am Ende des Spiels keine Hosen mehr. Das erste gedruckte deutsche Würfelbuch von 1483 erzählt zu Beginn die Geschichte vom verlorenen Sohn, der beim Würfelspiel alles verlor und schließlich nackt dastand. Das Gedicht *Wie der wuerffel auff ist kumen* von 1489 warnt ebenfalls vor dem Verspielen der Kleider, desgleichen die Heidelberger Handschrift des *Welschen Gastes* aus der zweiten Hälfte des 13. Jahrhunderts. [90] Auch der *Renner* Hugos von Trimberg aus der Zeit um 1300 malt die schädlichen Wirkungen des Glücksspiels in drastischen Farben aus:

„Wegen der Fünf, Vier und Eins muß mancher große Not leiden,

wegen der Fünf, Vier und Drei erhebt mancher ein Wehgeschrei,

wegen der Fünf, Vier und Zwei hat mancher ein leeres Haus,

wegen der Vier, Drei und Fünf muß mancher Wasser trinken,

wegen der Fünf, Drei und Vier weint manches Elternpaar,

wegen der Fünf, Vier, Zwei und Sechs müssen Liukhart, Metze

und Agnes unversorgt bleiben."[91]

Spielverbote schützten auch die Familien. Das Stadtrecht von Augsburg bestimmte 1276, Kindern den verspielten Betrag zurückzuerstatten. Aus dem *Sächsischen Weichbild* von 1496, einem Rechtsbuch ähnlich dem *Sachsenspiegel*, erfahren wir, dass Wirte von Kindern, die ihre Spielschulden nicht bezahlen konnten, lediglich deren Kleider verlangen konnten. Das Stadtrecht von Brünn schrieb 1243 den Dienstleuten vor, nicht mehr zu verspielen, als ihre Gewänder an Wert besaßen. Der um 1230 entstandene *Sachsenspiegel* legte fest, dass der Herr in bestimmten Fällen Spielschulden seines Knechtes zurückfordern durfte. Das Augsburger Stadtrecht bestimmte 1276, dass man einem Fremden beim Spiel zwar Geld und Wertsachen abnehmen durfte aber nicht dessen Kleider. Trient und Ulm verboten im 13. Jahrhundert das Verleihen von Geld für das Glücksspiel. In Braunschweig durften im 14. Jahrhundert Einheimi-

---

89 Tauber 1987 (wie Anm. 8), S. 45.

90 Ebd., S. 61f.

91 Zit. n. ebd., S. 47.

sche nicht mit Fremden würfeln.[92] Das Wiener Stadtrecht untersagte 1435 sogar, eigene Glieder des Körpers als Pfand einzusetzen:

„Das ist von glid verspilen, das Got an in beschaffn.

Chain man mag das verspielen mit recht, das got an im beschaffen hat, Es sey augen, näs oder orn, hand oder fuess, Vnd es sey hincz ainem pfanntner oder nicht, Wenn es vmb den leib nit also stet als vmb das guet. Das guet gewint man alle tag, So chumbt der Leib nymermer her wider, Als man verlewset. Wer da vber ichts verspilt, das got an im beschaffen, den sol der richter pessern, ob er des mit recht vber chomenn wirt, Ain aug gegen ainen aug, Ob er es verspilt, Ain hant gegen ainer hant, oder er ledigs als recht ist von dem richter das aug vmb funf pfundt."[93]

Die Tatsache, dass es eigene Verbote gegen das Verspielen von Körperteilen gab, zeigt, dass diese Praxis gar nicht einmal so selten vorkam, auch wenn uns dies heute unverständlich erscheinen mag. Meist waren es materielle Not und die Hoffnung auf den Gewinn, die Menschen dazu veranlassten.

Halten wir fest: Das Würfelspiel erfasste im Mittelalter alle Stände, die Adligen ebenso wie die ‚kleinen Leute'. Christen spielten mit Juden und Juden mit Christen. Zahlreiche Autoritäten warnten vor dem verderblichen Glücksspiel. Ganz unterschiedliche Quellengattungen nehmen auf das oft verteufelte Würfeln in Wirtshäusern Bezug. Doch alle Spielverbote weltlicher und geistlicher Obrigkeiten nützten nichts. Es wurde weiter gewürfelt, auch wenn es manchen an den Bettelstab brachte.

Bibliographie

Bauer, Günther Georg, *5000 Jahre Würfelspiel. Katalog der Ausstellung im Schloss Kleßheim vom 31. August – 31. Oktober 1999 und im Casino Linz (Casineum) vom 12. November – 9. Dezember 1999, Salzburg 1999* (Institut für Spielforschung und Spielpädagogik an der Universität Mozarteum Salzburg)

Brant, Sebastian, *Das Narrenschiff. Nach der Erstausgabe (Basel 1494) mit den Zusätzen der Ausgaben von 1495 und 1499 sowie den Holzschnitten der deutschen Originalausgaben*, hg. von Manfred Lemmer, 3. Aufl., Tübingen 1986

---

92 Tauber 1987 (wie Anm. 8), S. 62f.

93 Zit. n. ebd., S. 64.

Chronicon Ecclesiasticum Nicolai de Siegen O.S.B., Jena 1855 (= *Thüringische Geschichtsquellen*, 2)

Chroniken der deutschen Städte vom 14. bis ins 16. Jahrhundert, hg. v. Johann Karl Brucker durch die Historische Kommission der Bayerischen Akademie der Wissenschaften, 37 Bände, Leipzig u. a. 1862–1931, Neudruck Göppingen 1961–1969

Erath, Marianne, *Studien zum mittelalterlichen Knochenschnitzerhandwerk. Die Entwicklung eines spezialisierten Handwerks in Konstanz* (Dissertation), Freiburg 1996

Fehring, Günter P., *Stadtarchäologie in Deutschland. Sonderheft der Zeitschrift Archäologie in Deutschland*, Stuttgart 1996, S. 81f.

Folz, Hans, *Die Reimpaarsprüche*, hg. v. Hanns Fischer, München 1961

Himmelheber, Georg, *Spiele. Gesellschaftsspiele aus einem Jahrtausend*, München 1972 (*Kataloge des Bayerischen Nationalmuseums München 14*)

Huizinga, Johan: *Homo Ludens. Vom Ursprung der Kultur im Spiel*, Reinbeck 1987

Kluge-Pinsker, Antje, *Schach und Trictrac. Zeugnisse mittelalterlicher Spielfreude in salischer Zeit/Römisch-Germanisches Zentralmuseum, Forschungsinstitut für Vor- und Frühgeschichte*, Sigmaringen 1991 (*Publikationen zur Ausstellung „Die Salier und ihr Reich", Monographien/Römisch-Germanisches Zentralmuseum zu Mainz, Forschungsinstitut für Vor- und Frühgeschichte*, Bd. 30), S. 56–88

Meier, Frank, *Von allerley Spil und Kurzweyl. Spiel und Spielzeug in der Geschichte*, Ostfildern 2006

Meister Ingold, *Guldin Spil*, http://trionfi.com/0/mi/03/ [26.08.2010]

Mentgen, Gerd, „Alltagsgeschichte und die Geschichte der Juden: Die Juden und das Glücksspiel im Mittelalter", in: *Historische Zeitschrift* Heft 274/1 (2002), S. 25–60

Nürnberger Polizeiordnungen aus dem 13. bis 15. Jahrhundert, Stuttgart 1861, hg. v. Joseph Baader, *Straßburger Zunft- und Polizeiverordnungen des 14. und 15. Jahrhunderts*, hg. v. Johann Karl Brucker, Straßburg 1889

Oexle, Judith, „Würfel- und Paternosterhersteller im Mittelalter", in: *Der Keltenfürst von Hochdorf. Methoden und Ergebnisse der Landesarchäologie. Ausstellungskatalog*, Stuttgart 1985, S. 455–462

Petzold, Joachim, *Das königliche Spiel. Die Kulturgeschichte des Schachs*, Stuttgart 1987

Reinmar von Zweter, *Die Gedichte*, hg. v. Gustav Roethe, Leipzig 1887

Regesta Episcopoum Constantiensium. Regesten zur Geschichte der Bischöfe von Konstanz, bearb. v. Karl Rieder, Bd. 4, 1436–1474, Innsbruck 1941

Ruppert, Philipp (Hg.), *Die Chroniken der Stadt Konstanz,* Konstanz 1891

Schildo, Eustach, *Spielteufel, in: Teufelsbücher in Auswahl,* hg. v. Ria Stambaugh, Bd. 5, Berlin, New York 1980

Schreiber, Wilhelm Ludwig, *Die ältesten Spielkarten und die auf das Kartenspiel Bezug habenden Urkunden des 14. und 15. Jahrhunderts,* Straßburg 1937

Sollbach, Gerhard E., *Welt und weltliches Treiben im Spätmittelalter. Aus den Predigten des Volks- und Sittenpredigers Berthold von Regensburg (gest. 1272),* Hamburg 1994

Spangenberg, Cypriacus, *Mansfeldische chronica. Der Erste Theil,* Eisleben 1572, Bl. 373r.

Tauber, Walter, *Das Würfelspiel im Mittelalter und in der frühen Neuzeit. Eine kultur- und sprachgeschichtliche Darstellung,* Frankfurt a. M., Berlin, New York 1987 (*Europäische Hochschulschriften,* Bd./Vol. 959)

Toch, Michael, *Die Juden im mittelalterlichen Reich,* München 1998 (*Enzyklopädie deutscher Geschichte,* Bd. 44)

Urkundenbuch der Universität Heidelberg, Bd. 1, Heidelberg 1886

Volles Risiko! Glücksspiel von der Antike bis heute, Katalog zur Ausstellung des Badischen Landesmuseum Karlsruhe, hg. vom Badischen Landesmuseum, Karlsruhe 2008

von der Hagen, Friedrich Heinrich, *Gesammtabenteuer,* Bd. 2, Stuttgart u. Tübingen 1850

Würzburger Polizeisätze. Gebote und Ordnungen des Mittelalters 1125–1495. Ausgewählte Texte, hg. v. Hermann Hoffmann, Würzburg 1955 (*Veröffentlichungen der Gesellschaft für fränkische Geschichte,* X. Reihe, Quellen zur Rechts- und Wirtschaftsgeschichte Frankens)

Zangs, Christiane/Holländer, Hans, *Mit Glück und Verstand. Zur Kunst- und Kulturgeschichte der Brett- und Kartenspiele, 15. –17. Jahrhundert,* Aachen 1994

Zollinger, Manfred, *Geschichte des Glücksspiels. Vom 17. Jahrhundert bis zum Zweiten Weltkrieg,* Wien, Köln, Weimar 1997

Schädel, Lotterien und die Macht des Jenseits

Glücksspiele jenseits der Normalität

Christoph Daxelmüller (Universität Würzburg)

Hier von Lotterie-, Glücks-, Karten- und Würfelspielen und von deren Dämonisierung zu sprechen hieße, Eulen nach Athen zu tragen. Sollte jemand davon noch niemals etwas gehört haben, dann sei ihm der Besuch der Karlsruher Ausstellung *Volles Risiko! Glücksspiel von der Antike bis heute* oder zumindest der Kauf von *Damals. Das Magazin für Geschichte und Kultur* empfohlen, das in seinem aktuellen Heft der Ausstellung mit „Würfeln, wetten, Karten spielen. Die Geschichte des Glücksspiels" das Schwerpunktthema gewidmet hat.[1]

Ebensowenig muss ich für die Verteufelung des Glücksspiels die mittelalterlichen und frühneuzeitlichen Verordnungen und Warnerzählungen heranziehen. Man weiß, dass etwa die Schriften der Reformationszeit dem Teufel breiten Raum einräumen und jedes kleinere oder größere menschliche Laster mit ihm personifizieren, sei es mit dem Sauf- und Mode- oder gar und mit dem Spielteufel. So verwundert es auch nicht, dass etwa in Andreas Hondorffs *Promptuarium Exemplorum* der Teufel in einem *exemplum* höchstpersonlich als Würfelspieler auftritt,[2] und, noch schlimmer, dass er einen Spieler holt, der sein ganzes Geld verspielt und ihm deswegen seine Seele verschrieben hat.[3]

Aus heutiger Perspektive ergibt die satanologische Dimension eines kleinen und dennoch bisweilen folgenschweren menschlichen Vergnügens wenig Sinn. Warum etwa frönten die Juden im Mittelalter wie in der Frühen Neuzeit mit größter Leidenschaft dem Spielen und hier vor allem dem Würfelspiel? Dem Fragment der Altonaer

---

1 *Damals. Das Magazin für Geschichte und Kultur* 40 (April 2008), Heft 4.

2 Andreas Hondorff, *Promptuarium Exemplorum.* Frankfurt a. M. 1595, S. 64v–65r; s. Rainer Alsheimer, „Katalog protestantischer Teufelserzählungen des 16. Jahrhunderts". In: Wolfgang Brückner (Hg.): *Volkserzählung und Reformation. Ein Handbuch zur Tradierung und Funktion von Erzählstoffen und Erzählliteratur im Protestantismus.* Berlin 1974, S. 417–519, hier S. 460.

3 Ebd., S. 60v.

Gemeindeordnung von 1676 zufolge war es nicht gestattet, am Sabbat und am Wochentag Komödien, Kegelböden und Fechtstuben zu besuchen; sie verbot auch das Spielen an den Zwischentagen des Pessach- und des Laubhüttenfestes.[4] Erlaubt war es hingegen, „wenn durch ein anschließendes christliches Fest drei oder mehr [geschäftsfreie] Tage hintereinander" folgten.[5] Musste man wegen der christlichen Feiertagsruhe untätig herumsitzen, dann sollte man sich wenigstens die Zeit vertreiben dürfen.[6] Die Verordnung zeigt jedoch, dass die offizielle Einstellung der Juden zum Spielen nicht viel anders war als die der Nichtjuden: Man gestattete es als Ausnahme, nicht als Regel.

Die Diskriminierung des Spielens führt uns auf eine andere Spur, die den Blick weg von religiös-moralisierenden Verteufelungen des Spielens hin zu sozialen Realitäten lenkt. Spiel und insbesondere das Glücksspiel bedeuten Gewinn und Verlieren, Verschuldung und Verarmung, woran die zuständige Finanzkammer fiskalisch wegen der Abgaben, Zinse, Zölle und Steuern nicht interessiert sein durfte. Spielen bedeutet zudem vergnüglichen Zeitvertreib auf Kosten des geld- und produkterzeugenden Arbeitens, bedeutet unproduktiven Müßiggang im Widerspruch zu sozialen Ordnungen. Unter dem Predigttitel „Müssige Arbeit der Spiler/ warbey vil Verlust/ und wenig Gwinn" spottete Wolfgang Rauscher 1689 über jene, „so die Händ voll zuthun haben; und damit es fein hurtig von Statt gehe/ offtermals in die Händ blasen", sich auch die Arbeit so „starck angelegen seyn" ließen, dass sie sich kaum Zeit nähmen, sich niederzusetzen. Voller Ironie, aber mit scharfer Beobachtungsgabe, fährt der Prediger fort:

---

4 Zu den Spielen und körperlichen Belustigungen s. u. a. Thérèse u. Mendel Metzger, *Jüdisches Leben im Mittelalter nach illuminierten hebräischen Handschriften vom 13. bis 16. Jahrhundert.* Fribourg/Würzburg 1983, S. 222–223.

5 Heinz Mosche Graupe, *Die Statuten der drei Gemeinden Altona, Hamburg und Wandsbek. Quellen zur jüdischen Gemeindeorganisation im 17. und 18. Jahrhundert. Teil I: Einleitung und Übersetzungen. Teil II: Texte* (Hamburger Beiträge zur Geschichte der deutschen Juden, Bd. 3, I–II). Hamburg 1973, S. 206.

6 S. hierzu Christoph Daxelmüller, „Assimilation vor der Assimilation. Säkularer Lebensstil und Religiosität in der jüdischen Gesellschaft des 17. Jahrhunderts". In: Hartmut Lehmann/Anne-Charlott Trepp (Hg.), *Im Zeichen der Krise. Religiosität im Europa des 17. Jahrhunderts* (Veröffentlichungen des Max-Planck-Instituts für Geschichte, Bd. 152). Göttingen 1999, S. 265–293.

„Die Spiler seynd solche strenge Arbeiter/ welche kaum an Sonn- und Fewrtägen den Leffel zu mittag auß dem Maul legen/ und den geraden Weeg der Spil-Hütten zueeilen. Dort stehen sie umb einen runden Tisch herumb/ damit sie zur Arbeit desto geschickter seyen: haben sie keinen Rosenkrantz/ so haben sie doch zwey/ dreyerlei Würffel in dem Sack: die ziehen sie herfür: schittlen sie untereinander: blasen in die Hand: schlagen ober/ und unter dem Ranfft deß Tisch an: stöllen sich gantz mundter/ und forderen ihre Gegner herauß: Wer hat lust? wetten auff zwen/ drey Plätz herumb: würfft nit sibene: würfft nit fünffe / x. Und wann sie einen oder mehr überkommen/ die jhnen daran setzen / verloben sie dem Glück haimlich ein schwartze Henn/ wann sie fein wol schwartz auffgehn lassen/ und die achteckige Baynlein mit gueten Piffen recht unterübersich kehren will. Als dann geht das Spil an. Man würfft die Würffel mit einem lustigen Hesa! hinein auff den Tisch: siht mit ginneten Maul/ wie vil Augen ligen: einer lacht; der ander kratzt im Kopff; bayde hoffen, bayde stehn in Forcht: geradt der erst Wurff nit/ geradt der ander: und kan nit wol fehlen: der Paul ziecht ein/ der Peter setzt/ x. Und wann sie nun alsgemach dahin mied/ und einem oder dem anderen zu haiß werden wil/ sprechen sie auß dem Glaß/ oder Kandten freundlich untereinander zue. Das seynd ja keine Müssiggeher? dann sie stehn: keine Faul-lentzer? dann sie arbeiten; und zwar offt lang auch in die Nacht hinein, auch an Fewr-tägen; auch so streng/ daß mancher auff einen halben Tag mehr verspilt/ als er die gantze Woche gewonnen".[7]

Schließlich aber bedeutet Spielen gemütliches Zusammensein in Wirtshäusern und Stuben, die seit dem Spätmittelalter mehr und mehr in den Verdacht gerieten, Orte der Widerständigkeit und der Kritik an den sozialen Verhältnissen sowie Brennpunkte möglicher Auflehnung gegen die Obrigkeit zu sein.

All dies alles weiß man. Doch gibt es Nischen, in denen das Glücksspiel nicht nur erlaubt, sondern kirchlich-pastoral sogar gefördert wurde? Die Suche führt uns in die moderne Unterwelt von Neapel und von dort zurück nach Mitteleuropa. Wir werden auf eigenartige Dinge und fremdartige Handlungen stoßen und am Ende dieser Reise auf eine faustdicke Überraschung.

---

7 Wolfgang Rauscher, *Oel und Wein Deß Mitleidigen Samaritans Für die Wunden der Sünder. Das ist: Catholische [...] Predigen [...] Theil 1–3*. Dillingen 1689, 1690, 1698, hier Teil 1, 1689, S. 101–102; s. Elfriede Moser-Rath, *Dem Kirchenvolk die Leviten gelesen. Alltag im Spiegel süddeutscher Barockpredigten*. Stuttgart 1991, S. 69–70.

I. Neapel und die Toten

Neapel ist eine lebenslustige Stadt und zugleich die Stadt der Toten und des Todes. Was den Menschen nördlich der Alpen als Widerspruch erscheint, geht hier eine unauflösbare Symbiose ein. Neapel ruht auf griechischen und römischen Resten, auf Katakomben, Krypten und unterirdischen Gängen, auf den Überresten von Menschen und Kulturen. Neapel ist unterhöhlt, und nicht nur dies besitzt die Stadt mit Rom gemeinsam. Dank des Vesuvs haben die Neapolitaner über Jahrhunderte hinweg gelernt, sich mit dem Tod zu arrangieren. Doch sogar hier kann der Tod als makaber empfunden werden. Ich denke hier weniger an die organisierte Kriminalität, an Camorra, N'drangeta und Mafia, sondern an den Fürsten, Freimaurer und Alchemisten Raimondo di Sangro (1710–1771). Er hatte seine Freunde verprellt, als er sich brüstete, das Blutwunder des San Gennaro[8] im Labor nachvollzogen zu haben, und er stand hinter einem der brutalsten Verbrechen in der Geschichte der Medizin. Denn er injizierte einem jungen Mann und einer jungen Frau, vielleicht zwei Dienern, bei lebendigem Leibe eine bis heute in ihrer Zusammensetzung unbekannte Flüssigkeit, die ihre Adern und die blutführenden Organe versteinern (,plastinieren') und sie qualvoll sterben ließ, nachdem sich das Gift dank des Blutkreislaufs über den gesamten Körper verteilt hatte. Fleisch und Muskeln verwesten, zurück blieben das Skelett, die blutführenden Organe und die plastinierten Adern, die sich wie ein engmaschiges Netz um die Knochen legen.[9]

In Neapel ist der Tod öffentlich und der Tote gegenwärtig. An den Häuserwänden hängen die Todesanzeigen, und der stigmatisierte Padre Pio aus dem apulischen San Giovanni Rotondo steht in der Götterhierarchie der Süditaliener ganz weit oben. Auf Schritt und Tritt begegnet man den beleuchteten Hausaltären, die im 18. Jahrhundert als erste Straßenbeleuchtungen dienten: Wer es sich leisten kann und Angehörige hinterlässt, die sich um die Pflege kümmern, sorgt dafür, dass sein Bild dort als Erin-

8   Zur Geschichte und zur Verehrung des San Gennaro (Januarius) s. u. a. Gianfranco Grieco/Mariano del Preite, *Gennaro, il Santo di Napoli. Una città e il suo Patrono: diciasette secoli di devozione*. Gorle 1995; Franco Strazzullo, *Napoli e San Gennaro*. Napoli 1997.

9   Alessandro D'Aquino di Caramanico, *Il principe e il mago. Incontro fantastico del Principe di San Severo con il Mago I. Newton (nella misteriosa Napoli del '700)*. Soveria Mannelli 2003; Luigi Capuana/Benedetto Croce/Salvatore Di Giacomo/Matilde Serao, *E parve castigo del cielo. Voci di fine ottocento sul principe di Sansevero e il suo palazzo*. Napoli 2003.

nerung aufgehängt wird.[10] Der Tote bleibt in seinem Viertel, in seiner sozialen Umwelt, lebt weiter, und die Figuren der Armen Seelen stammen von den Krippenkünstlern aus der Via Gregorio Armeno. Neapel ist ein ganzjährig geöffneter Friedhof, und die Toten sind anwesend, im Bild und auch real, da die Neapolitaner den Körper als die Verkörperung der Seele betrachten.[11]

II. Familientote – Totenfamilien: Die kulturelle Kraft des Totenkults

In Neapel und in Süditalien schließt sich der Kreis zurück zur mittelalterlichen wie frühneuzeitlichen Kultur des Todes: Der Verstorbene bleibt in der Familie, im Gedächtnis der Angehörigen und der Mitglieder der Totenzünfte- und bruderschaften. Die Toten selbst bilden dort, wo sie bestattet sind, auf dem Friedhof, in der Kirche oder in den Grüften, eine Familie, die mit den Lebenden in Verbindung bleibt, sei es durch das Gebet oder das gute Werk für die Armen Seelen.[12] Die Verehrung der Armen Seelen, die einst von dem in eine Kirche umgewandelten römischen Pantheon ihren Ausgang nahm, bildet die prägende Kraft des uns so fremdartig erscheinenden neapolitanischen Totenkults. Man kann das Gedenken an die Toten abstrakt vollziehen, durch das Lesen einer Totenmesse etwa, aber auch konkret durch den direkten, nahezu körperlichen Kontakt mit dem Verstorbenen. Ein Basler Wirkteppich aus der Zeit um 1460, der als Jahrzeitbehang der Schultheißen-Familie Ringoltingen im Berner Münster diente, bringt diese beiden Ebenen der symbolischen und realen

---

10 S. Suvi Hänninen, "The Street Shrines of Naples as the Setting of Popular Religion". In: *Ethnologia Fennica. Finnish Studies in Ethnology* 29 (2001), S. 56–68.

11 S. u. a. Italo Pardo, "Life, Death and Ambiguity in the Social Dynamics of Inner-Naples". In: *Man* 24,1 (1989), S. 103–123; Gino Provitera/Gianfranca Ranisio/Enrico Giliberti, *Lo spazio sacro. Per un'analisi della religione popolare napoletana*. Napoli 1978.

12 Zum Fegfeuer und zu den Armen Seelen s. u. a. Christine Göttler, *Die Kunst des Fegefeuers nach der Reformation. Kirchliche Schenkungen, Ablaß und Almosen in Antwerpen und Bologna um 1600* (Berliner Schriften zur Kunst, Bd. 7). Mainz 1996; Jacques Le Goff, *Die Geburt des Fegefeuers. Vom Wandel des Weltbildes im Mittelalter.* München 1990; vgl. a. Walter Hartinger, *... denen Gott genad! Totenbrauchtum und Armen-Seelen-Glaube in der Oberpfalz.* Regensburg 1979.

Kommunikation bildlich zusammen: Am Jahrtag besuchen Klerus und Angehörige das Ringoltinger-Grabmal, in dem der Leichnam modert.[13]

Die im Armeseelenglauben gebündelten Vorstellungen gehen davon aus, dass mit dem Tod das Leben noch lange nicht zuende ist. Im Mittelalter nahm man die Kommunikation zwischen Lebenden und Toten wörtlich, so etwa in der im *Speculum Exemplorum* schriftlich überlieferten und dann häufig erzählten und bildlich dargestellten Geschichte von der „Geistermesse" in der Kirche z. B. oder vom Wirken des hl. Fridolin, der einen Toten als Zeugen zur Gerichtsverhandlung über Grundbesitzansprüche in den Gerichtssaal mitbringt.[14]

Im Mittelalter hatte sich, theologisch von Frankreich ausgehend, popularisiert dann vor allem durch Dante Alighieris *Divina Commedia*, die Lehre von *purgatorium* etabliert, den strengen Dualismus von absolutem Guten und absolutem Bösen, von Himmel und Hölle aufgelöst und auch den kleineren Sündern eine Chance gegeben. Sie mussten nun nicht mehr ewige Verdammnis und schreckliche Höllenpein befürchten, sondern eine zeitlich zwar nicht exakt bestimmbare, aber begrenzte Läuterung unter erheblich erschwerten Bedingungen. Darauf besaßen die Sünder zwar selbst keinen Einfluss, aber sie konnten zu Lebzeiten vorsorgen, wenn sie hierzu das erforderliche Vermögen besaßen. So stiftete Königin Margrethe I. von Dänemark 1411 für ihr Seelenheil insgesamt 2000 Lübeckische Mark für 130 Pilger zur Durchführung von Wallfahrten ins Heilige Land, nach Santiago di Compostela, Canterbury und zahlreichen anderen süd- und mitteleuropäischen Stätten.[15]

Als wirksamstes Mittel der Hilfe für die Armen Seelen galt neben fleißigem Beten die Eucharistiefeier. Sie steht im Mittelpunkt der Guten Werke, wie sie z. B. der vom

---

13 Peter Jezler (Hg.), *Himmel, Hölle, Fegefeuer. Das Jenseits im Mittelalter*. Zürich 1994, S. 276.

14 Vgl. Christoph Daxelmüller, „Tote (II. Volkskunde)". In: *Lexikon des Mittelalters* Bd. VIII, München/Zürich 1996, Sp. 892–894 (mit weiterer Literatur); ders.: „Der Friedhof als Kommunikationsraum, der Tote als Familienmitglied. Historische Stratigraphien des Umgangs mit dem Tod". In: Jan Brademann/ Werner Freitag (Hg.), *Leben bei den Toten. Kirchhöfe in der ländlichen Gesellschaft der Vormoderne* (*Symbolische Kommunikation und gesellschaftliche Wertesysteme. Schriftenreihe des Sonderforschungsbereichs 496, Bd. 19*). Münster 2007, S. 157–172.

15 S. hierzu Christoph Daxelmüller/ Marie-Louise Thomsen, „Mittelalterliches Wallfahrtswesen in Dänemark. Mit einem Kultstättenkatalog". In: *Jahrbuch für Volkskunde* NF 1 (1978), S. 155–204 (mit weiterer Literatur).

Regensburger Ratsherren Sigmund Graner (gest. 1484) und seiner Ehefrau Elisabeth (gest. 1491) 1488 für die Alte Kapelle gestiftete, aufwendig gearbeitete Flügelaltar zeigt.

Damit nicht genug mit den guten Werken. Wer es sich leisten konnte, überlebte in der Erinnerung und im Gebet der Menschen durch die Finanzierung und Einrichtung frommer Stiftungen wie der Spitäler. Der Armeseelenglaube führte mit dem Ablasswesen nicht nur zur Reformation, sondern geriet zu einem der kulturell kreativsten Bausteine mittelalterlicher und frühneuzeitlicher Kultur. Seit dem Mittelalter lebt er in ungebrochener Kraft fort. Tote befinden sich den populären Überzeugungen zufolge in einer Metaexistenz; nur so vermag man sich die unbekannte Wartezeit bis zum Jüngsten Gericht zu erklären, das über Erlösung oder Verdammnis entscheidet. Daher können sich Arme Seelen in der Welt der Lebenden zeigen, helfend denen, die etwas für sie getan haben, furchterregend und strafend denen gegenüber, die sie vergessen haben.[16] In Rom ist ihnen sogar ein eigenes Museum gewidmet.

III. Purgatorio – individuelle Tote

Der physisch erlebte Totenkult, wie er in Neapel noch lebendig ist, verliert durch die Geschichte seine makabre Exotik und erweist noch in der Gegenwart seine kulturelle Dynamik in den *purgatorios* Süditaliens und insbesondere Neapels, jener Stadt, die wie keine andere dem Tod ihr Gesicht geliehen hat. „Welche auch immer die Bedeutung sein mag, die man der Porosität beimisst", schrieb der 1922 in Neapel geborene Schriftsteller und Essayist Raffaele La Capria, „ob sie sich auf den Untergrund beziehe oder ausschließlich eine Form des mediterranen Lebens sei, Tatsache bleibt, daß es in Neapel eine oberirdische, von Menschenwesen bewohnte Welt gibt sowie eine unterirdische, wo die Seelen, die Geister und die Stimmen hausen. Diese Unterwelt erstreckt sich vom Zentrum der Stadt, voll mit Katakomben und unterirdischen Friedhöfen, bis hin zu den in den Tuffstein gegrabenen Höhlen an der Küste von Posillipo, bis zur Grotte der Cumäischen Sybille, unter Pozzuoli und Baia hinweg. Ist es also nicht naheliegend, daß von hier aus, von dieser Stadt auf siedender

---

16 S. z. B. Leander Petzoldt, „Botschaften vom ‚Dritten Ort'. Zum Phänomen der feurigen Hände in der religiösen und okkulten Subkultur der Gegenwart". In: *Rheinisches Jahrbuch für Volkskunde* 35 (2003/2004), S. 287–304.

Erde, dieser Stadt aus Wasser und Feuer, der fromme Aeneas, den Averner See que-
rend, den Weg zur Totenwelt gefunden hat, zu jenem Ort der unwirklichen Schatten,
den die Alten Hades nannten, und der in Neapel einen eigenen Kult hat und
purgatorio, Fegefeuer, genannt wird? Tatsächlich hört man an keinem anderen Ort
Süditaliens so oft wie in Neapel die Anrufung: ‚Tut Gutes den Seelen im Fegefeuer!‘
und nirgends sieht man in den Sträßchen und Gassen so viele mit Votivlampen
beleuchtete Tabernakel, die eben jenen Seelen im Purgatorium gewidmet sind. Fast
alle Neapolitaner aus dem Volk glauben, diesen Seelen zu ähneln, sie meinen, Neapel
selbst sei ihr Fegefeuer, ein Übergangsort in Erwartung eines besseren Lebens.“

Hier kann man an einer Reihe von Plätzen dem Tod und den Toten begegnen, hier
wird er Teil des alltäglichen und ganz normalen Lebens. Hinter der Kirche *Santa
Maria del Carmine alle Fontanelle* befindet sich einer der für den mit neapolitanischen Verhältnissen nicht vertrauten Fremden eigenartigsten Friedhöfe des Landes: In
dem riesigen Tuffsteinhöhlensystem eines alten Steinbruchs lagern die sterblichen
Überreste von mindestens 30.000 Menschen, die dort vom 16. Jahrhundert bis zum
Ende des 18. Jahrhunderts bestattet worden waren.[17] Schädel und Beinknochen wurden säuberlich voneinander getrennt und im 19. Jahrhundert zu gewaltigen Bergen der
Vergänglichkeit aufgetürmt. Zu dieser Zeit entstand auch ein heute rätselhaft erschei-
nender Kult um die Gebeine der anonymen Toten. Denn die Gläubigen sahen und
sehen in ihnen die sterblichen Überreste der Seelen, die durchs Fegefeuer gingen und
nun ihrer Zuwendung und Gebete bedürften. Sie ‚adoptierten‘ zahlreiche Schädel und
legten sie in Holzkästen, aber auch in ausgeschnittene Blechbehälter, auf die sie bisweilen imaginäre Namen und Lebensgeschichten der Verstorbenen schrieben. Vor
allem Frauen suchen hier einen körperlichen Ersatz für vermisste Angehörige, für
Opfer der Kriege, der Seefahrt oder der Camorra, indem sie sich aus den Gebeinen
von Unbekannten ein Skelett zusammenstellen und es mit Kerzen, Blumen und
Rosenkränzen schmücken. Die Schädelkästen geraten damit zum Träger von Erinnerung, zum Ersatz für ein Grab, über das man nicht verfügt, und – wie noch zu zeigen
sein wird – zum religiös-magischen Hilfsmittel.

In der Innenstadt Neapels selbst besitzt der Kult anonymer Toter seinen Platz in
zwei Kirchen, in *San Pietro ad Aram* und in der *Chiesa S. Maria delle Anime del*

---

17 Antonio Emanuele Piedimonte, *Il Cimitero delle fontanelle: il culto delle anime del
    Purgatorio e il sottosuolo di Napoli*. Napoli 2003.

Purgatorio ad Arco.[18] Beide Orte traf das Verdikt der neapolitanischen Amtskirche, wenn auch ohne Erfolg – die Verbote konnten die Beliebtheit des Toten- und Armeseelen-Kultes bei den Neapolitanern nicht brechen. In San Pietro ad Aram nagelte man die Kästen und Nischen, in denen die Schädel der unbekannten Verstorbenen aufgestellt sind, mit Spanplatten zu, doch die Gläubigen rissen sie wieder heraus. In *S. Maria delle Anime del Purgatorio ad Arco* mit seiner düsteren und dennoch heiteren Todessymbolik verlagerte sich der Kult an die Außenwände und Fenster der Krypta mit ihren Gräbern und Schädelkästen: Gläubige stecken Blumen und Andachtsbilder von Padre Pio in die Fenstergitter oder zünden Kerzen auf den blankgeriebenen Totenschädeln vor der Kirche an.

Wer jedoch glaubt, dass es sich bei diesem expressiven Totenkult um eine Eigenheit des unterentwickelten Mezzogiorno und um makabre südländische Folklore handele, sieht sich bald enttäuscht. Auf der Tiberinsel in Rom befindet sich – übersehen von den Touristen – ein Beinhaus. Die im 18. Jahrhundert gegründete *Confraternità dei Sacconi Rossi* hatte es sich zur Aufgabe gemacht, Tote aus dem Tiber zu bergen und würdig in ihrer Krypta zu bestatten. Am Allerseelentag des Jahres 1787 folgte Karl Philipp Moritz, gerade aus Deutschland in Rom angekommen, den Menschen- und Prozessionszügen durch die Kirchen, mehr aber noch durch die „dunklen Behältnisse" ihrer Unterkirchen. Seine „Reisen eines Deutschen in Italien" halten eine eigenartige Szenerie fest, wahrscheinlich im *Oratorio* der Bruderschaft der *Sacconi rossi* auf der Tiberinsel:

„Die Kirchen waren inwendig und zum Teil auch auswendig schwarz bekleidet und mit den Abbildungen von Schädeln und Totenbeinen ausgeschmückt. Und allenthalben ertönte auf den Straßen das Geschrei der Kläglichbittenden um ein Almosen zu einer Totenmesse für die armen Seelen im Reinigungsfeuer *(per le povere anime del purgatorio!)*. Am grauenvollsten war der Anblick einer unterirdischen, den Toten geweihten Kirche am Ufer des Tiber, die ich in der Dämmerung des Abends auf einer meiner ersten Wanderungen in Rom besuchte. [...]

Und welch ein Anblick erfolgte nun beim Eintritt in diese unterirdische Kapelle, deren Wände von oben bis unten mit wirklichen Schädeln und Totenbeinen, die äußerst zierlich übereinandergelegt waren, ausgeschmückt, gleichsam mit dem ganzen verborgenen Schatze der grauenvollen Zerstörung prangten. Und, was noch dies alles

---

18   Patrizia Giordano (Hg.), *Passaggio a Purgatorio ad Arco*. Napoli 2001.

übertraf, so waren große Nischen in den Wänden, worin die zusammengetrockneten Körper einiger unter freiem Himmel gestorbenen Armen, leibhaftig, und sogar noch mit ihren Lumpen bedeckt, und Stäbe in den knöchernen Händen haltend, aufgestellt, ein fürchterliches Schreckbild waren."[19]

In den 70er Jahren des 19. Jahrhunderts gaben die Mitglieder der Bruderschaft diese Tätigkeit auf, aber noch heute gedenken sie am Allerseelentag mit einer stillen Prozession zum Tiber der anonymen Verstorbenen.

Neapel und Rom aber sind keine Einzelfälle. Allein in Rom stoßen wir neben der berühmten *Cripta dei Cappuccini* unter der *Chiesa dell'Immacolata Concezione* in der Via Vittorio Veneto und dem *Oratorio* der *Veneranda Confraternità delli divoti di Gesù Cristo al Calvario e di Maria Santissima Addolorata, detta Dei Sacconi rossi* auf der Tiberinsel auf eine Reihe weiterer Beispiele wie das *cimitero* der *Chiesa dell'Arciconfraternità di Santa Maria dell'orazione e morte* in der Via Giulia und den unterirdischen Friedhof unter der *Chiesa delle Stimmate* am Lago delle Stimmate. Bis 1824 schmückte man im *Ospedale* von *San Giovanni in Laterano* während der Feierlichkeiten um Allerheiligen und Allerseelen die Wände mit menschlichen Knochen. In der Umgebung von Rom finden sich ähnliche Knochenkapellen in Civitavecchia, Genzano und Frascati (*Cappella dell'Addolorata*).[20] Wir können ferner auf die Ossuarien in Portugal wie das in der Kapuzinerkirche in Evora verweisen, auf einen der Bruderschaft der *Sacconi Rossi* vergleichbaren Totenkult im polnischen Krakau sowie auf Schädelkästen in bretonischen Kirchen wie auch auf dem Friedhof von Marville in Lothringen.[21] Beinhäuser haben sich vereinzelt in Österreich, so in Hallstatt und Mariazell, im Elsass (Epfig) und sogar in Deutschland erhalten, hier etwa im Turm der Pfarrkirche von Teuchatz. Karner dienten im Mittelalter nicht nur als Bauten zur pietätvollen Aufbewahrung menschlicher Überreste, wenn das Fassungsvermögen der Friedhöfe in den Städten und Dörfern überschritten war, sondern auch als Orte der Interaktion zwischen Lebenden und Toten. Auf einer gefassten,

---

19   Karl Philipp Moritz, „Reisen eines Deutschen in Italien in den Jahren 1786 bis 1788". In: ders., *Werke*. Hg. von Horst Günther, Bd. 2. Frankfurt a. M. 1981; zit. n. Volker Breidecker, *Rom. Ein kulturgeschichtlicher Reiseführer*. Essen 2004, S. 267–268.

20   Rinaldo Cordovani, *La cripta die Cappucini. Chiesa dell'Immacolata Concezione Via Vittorio Veneto – Roma*. Roma 2005, S. 47–48.

21   Zu Marville s. Philippe Ariès, *Bilder zur Geschichte des Todes*. München/Wien 1984, S. 24–25, 57, 78–79 und 239–248.

wohl um 1520 in Oberbayern entstandenen Holzplastik sieht man nicht nur die helfenden Toten, sondern auch einen Mann, der vor in einem Karner gestapelten Schädeln für die Armen Seelen betet.[22]

IV. Körperpflege und Lotterie

Der Mensch betet vor dem Karner – Auge in Auge mit dem Toten. Der körperliche Kontakt aber geht noch wesentlich weiter. Wenn es in Shanghai zu den Aufgaben der hinterbliebenen Ehefrau gehört, auf dem Friedhof am Tsing-Ming-Fest die Gebeine des verstorbenen Ehemannes zu reinigen, dann mag dies der Europäer als Ausdruck eines nichtchristlichen Ahnenkultes zur Kenntnis nehmen.[23]

Dass auf dem berühmten Pariser Prominenten-Friedhof Père Lachaise[24] meist ältere Männer in körperlicher Berührung, da auf dem Grab sitzend, die Werke der unter ihnen liegenden Schriftsteller, etwa eines Honoré de Balzac, lesen, sei hier nur erwähnt. Auf dem Friedhof Poggio Reale in Neapel aber besitzen die Hinterbliebenen bis heute das Recht, die sterblichen Überreste eines Angehörigen regelmäßig aus dem Nischengrab herauszunehmen und sie gründlich zu säubern. Sie erfahren dieses Ritual als frommen Dienst am Toten, der sich dafür im Jenseits (und auch im Diesseits) erkenntlich zeigen wird, da er in der Gemeinschaft der Lebenden gegenwärtig und Mitglied seiner Familie bleibt.

Man mag an dieser Stelle erneut einwenden, dass im katholischen Südeuropa die Uhren erheblich anders gingen. Doch der rituellen Reinigung der Gebeine begegnen wir auch in Griechenland, speziell in der Region Mani. Drei Jahre nach der Beerdigung werden die sterblichen Überreste des Angehörigen wieder ausgegraben, die Gebeine mit Wasser und Wein gewaschen, in eine Kiste gelegt und im Beinhaus des Friedhofes aufbewahrt. Traditionell geprägte Familien besitzen jedoch ihr eigenes Gebeinehaus (altgriechisch *oikos* = ‚Haus'). In Pyrgos Dirou konnte Hellmut Loos beobachten, wie eine alte Frau, Anastasia Arnaouti, auf dem Friedhof des Ortes das Gebeinehaus ihrer Familie reinigte und frisch kalkte. Zuvor trug sie die

22 Lenz Kriss-Rettenbeck, *Bilder und Zeichen religiösen Volksglaubens*. 2. Aufl. München 1971, Abb. 171.

23 Brian Innes, *Der Tod und das Leben danach*. Bindlach 1999, S. 115.

24 Michel Dansel, *Au Père-Lachaise. Son histoire, ses secrets, ses promenades*. o. O. 1976.

Kisten mit den Knochen ins Freie und öffnete die Deckel zum Lüften. Nach Instandsetzung des Häuschens streichelte sie liebevoll den Schädel ihres 1992 verstorbenen Mannes Georgios Arnaoutis, bevor sie die Kisten wieder schloss und an ihren angestammten Platz zurückbrachte.[25]

Damit aber sind wir endlich bei der Lotterie angelangt. Denn in Neapel geht diese extensive Verehrung der Toten nicht ganz ohne Eigennutz vor sich. Tote wissen mehr als die Lebenden, und wer sich liebevoll um einen Toten kümmert, sei es im Gebet, sei es durch regelmäßige Körperpflege, darf erwarten, dass er ihm auch einmal im Traum erscheint und bestimmte Symbole mitteilt, die dann – in ein festes Zahlensystem umgesetzt – die Voraussetzung für einen Gewinn in der populären neapolitanischen Lotterie bringen sollen.

Damit aber scheinen wir endgültig am Höhepunkt eines süditalienisch-katholischen Aberglaubens angelangt zu sein. Die Verbindung von Tod, Totenkult und Aberglaube passt so gar nicht in den vernunftorientierten und naturwissenschaftsgläubigen Schädel eines nördlich der Alpen aufgewachsenen Wesens. Davon, dass Scharfrichter das Blut der Geköpften nach der Hinrichtung als Heilmittel gegen Epilepsie feilboten, berichtete nicht nur der dänische Schriftsteller Hans Christian Andersen. Am 11. März 1849 fiel der Kanonikus Johann Baptist Schwarz in München einem Raubmord zum Opfer. Die beiden Täter, Joseph Stopfer und Ludwig Dantinger, wurden am 18. Mai 1850 öffentlich hingerichtet. Der Drucker eines kurzen, mit Lithographien versehenen Berichts teilte auch einige Lebensdaten des Ermordeten Schwarz mit, nämlich 11, 68, 31 und 22, und empfahl sie als Lotterienummern. Sie wurden tatsächlich von Spielern gesetzt und sollen sogar Gewinn gebracht haben.[26] Wenn der Tod sogar Glück in der Lotterie bringt, hat er seinen Schrecken endgültig verloren.

V. Lotterien für die Armen Seelen

In Neapel also verhelfen die Seelen der Toten zum Lottoglück. Wiederum handelt es sich nicht um in Süditalien praktizierte Folklore, sondern um einen Handlungsbereich, der uns auch in Mitteleuropa begegnet, die spielerische Form der Armeseelen-Lotte-

---

25 Hellmut Loos, *Griechenland. Durch die wilde Mani.* Gnas 1998, S. 76.

26 Sigrid Metken (Hrsg.), *Die letzte Reise. Sterben, Tod und Trauersitten in Oberbayern.* München 1984, S. 160–161, Kat.-Nr. 197.

rie, eine im Gegensatz zu sonstigen Vorbehalten gegen das Spielen sogar „recht verdienstliche Zeit-Vertreibung" für die „Liebhaber der Armen Seelen".[27] Glücksspiel bedeutet nun nicht mehr Teufels-, sondern nützliches Liebeswerk, ein „Seelgerät", das die Qualen der im Fegefeuer schmorenden Sünder lindern kann.[28]

Der „Geistliche Glückshafen", die Lotterie für die im Fegefeuer schmorenden Seelen, stellt auch für Volkskundler, die häufig Kummer mit ihren Objekten haben, schwere Kost dar. „Die Freude am Bildhaften", so Lenz Kriss-Rettenbeck, „zeitigt natürlich auch seltsame Blüten. Erwähnt seien nur die ‚geistlichen Lotteriespiele' und ‚Glückshäfen', geistliche Kartenspiele und die ‚Eisenbahn zum Himmel', die, was die Verdrehtheit und Verspieltheit im Bilddenken betrifft, ihre Vorläufer in Gebets- und Andachtszetteln haben [...]".[29] Sie bestehen aus einem geschriebenen oder gedruckten Blatt, häufig versehen mit einem Bild der Armen Seelen oder der Gottesmutter Maria. Die Armen Seelen sind in Kategorien zwischen 60 und 90 Arten von Verfehlungen eingeteilt. In einem Kästchen befinden sich Scheiben mit Zahlen, die man zu ziehen hat, damit sich die Gebete, das Vater Unser und das Ave Maria, nicht auf einen speziellen Sünder, vielleicht gar einen verstorbenen Familienangehörigen konzentrieren, sondern sich nach dem Zufallsprinzip – wie für eine Lotterie üblich – gerecht verteilen.

‚Glückshafen' ist die älteste Bezeichnung für den Begriff ‚Lotterie'. Denn bei mittelalterlichen Volksbelustigungen zog man die Lose mit den Nummern aus einem irdenen Hafen.[30] Die französische Entsprechung weist durch den Begriff ‚sort' auf die zu ziehende Nummer, das ‚Los' hin. Damit steht der ‚Glückshafen' in der Nähe und Tradition des ‚Losungswortes' der Herrenhuter für die tägliche, durch eine Losnummer ermittelte Bibellesung und damit auch in der Nähe des ‚Bibelorakels' durch das

---

27 Reiner S. Sörries, „Lotto spirituale oder der Geistliche Glückshafen. Lotterien für die Armen Seelen". In: *game_over. Spiele, Tod und Jenseits*. Hg. vom Zentralinstitut und Museum für Sepulkralkultur. Kassel 2002, S. 39–48.

28 Zu den „Geistlichen Glückshäfen" s. a. Gustav Gugitz, *Österreichs Gnadenstätten in Kult und Brauch. Ein topographisches Handbuch zur religiösen Volkskunde in fünf Bänden*. Wien 1955–1958, hier Bd. 2, Wien 1955, S. 142–144 (zu Perchtolsdorf); Rudolf Kriss, *Die Volkskunde der altbayerischen Gnadenstätten*. 3 Bde., München 1955–1956, hier Bd. 1, S. 51 (zu Teising); Richard Andree, *Votive und Weihegaben des katholischen Volks in Süddeutschland*. Braunschweig 1904, S. 20.

29 Kriss-Rettenbeck, *Bilder und Zeichen* (wie Anm. 22), S. 26–27.

30 Adolf Spamer, *Die deutsche Volkskunde*. Bd. 2, Berlin 1935, S. 37.

zufällige Aufschlagen der Heiligen Schrift, wobei man ebenfalls in dem unberechenbaren Resultat eine höhere Fügung sah. Hier aber gelangen wir zum *sortilegium*, zum *sortes legere*, zum ‚Lesen' oder ‚Auflesen' hingeworfener Lose zu mantischen Zwecken und stehen plötzlich mitten in der Magie- und Aberglaubensdiskussion.

Losen heißt also das Stellen eines Orakels, der Wunsch, Zukünftiges oder Verborgenes zu erfahren und dadurch seinem unwissenden Mitmenschen ein Stück voraus zu sein. Sogar Thomas von Aquin war sich nicht sicher, ob das Losen der Zauberei zuzurechnen sei oder nicht; das verteilende oder beratende Los (Wahl, Entscheidung) unterschied er vom wahrsagenden Los, dem Losorakel, einer seit der Antike bekannten Technik der Wissensgewinnung.[31] Augustinus, dem das Abendland die Profilierung des Christentums und dessen Emanzipation vom Heidentum verdankt, und Thomas von Aquin, der das theologische Wissen in seiner *Summa* systematisierte, und die beide hinter der christlich-europäischen Aberglaubenstheorie stehen,[32] ließen das verteilende und beratende Losen zu, verurteilten jedoch das Bibellos, wenn es ausschließlich für profane Zwecke missbraucht wurde.

Über die Losbücher wurde diese Praktik, über die man sich im 17. und 18. Jahrhundert in einer Reihe akademischer Traktate und Dissertationen den Kopf zerbrach,[33] in Europa weit verbreitet. In Deutschland sind Losbücher seit 1483 belegt. Sie enthalten Darstellungen mantischer Losverfahren, Schlüssel für die Deutung der Lose sowie häufig umfangreiche Listen erlosbarer Orakel. Im mechanischen Losverfahren wird mit Hilfe von Würfeln, Spielkarten, Drehscheiben, Zifferblättern, Fadenziehen, geomantischen Figuren u. a. mehr und mit in der Regel komplizierten Entschlüsselungsverfahren der zutreffende Orakelspruch gefunden.[34]

Wie nahe die ‚Geistlichen Glückshäfen' zum Losen standen, zeigt das Beispiel eines in den 20er Jahren des 20. Jahrhunderts von Rudolf Kriss in der Wallfahrtskirche Maria Einsiedeln in Teising bei Neumarkt am Rott beobachteten Exemplars zur Erlösung der Armen Seelen aus dem Fegefeuer. Er konnte sogar in Erfahrung bringen,

---

31   Dieter Harmening, *Wörterbuch des Aberglaubens*. Stuttgart 2005, S. 280–281.

32   Dieter Harmening, *Superstitio. Überlieferungs- und theoriegeschichtliche Untersuchungen zur kirchlich-theologischen Aberglaubensliteratur des Mittelalters*. Berlin 1979.

33   Christoph Daxelmüller, „Bibliographie barocker Dissertationen zu Aberglaube und Brauch. Teil I". In: *Jahrbuch für Volkskunde* NF 3 (1980), S. 194–238, hier S. 227–229, Nr. 707–795.

34   Harmening, *Wörterbuch* (wie Anm. 31), S. 281.

dass der ‚Glückshafen' noch fleißig im kirchlichen wie im häuslich-privaten Bereich benutzt wurde.[35] Das von Kriss beschriebene geistliche Lotto besteht aus einem bedruckten Papierbogen mit einem Bild der Gnadenmutter in der Mitte und einer Liste von 61 Kategorien von Armen Seelen, so z. B. „Für die Seelen, die im Dienste des Landesfürsten umgekommen sind" (Nr. 26), „Für die Seelen, welche die Kirchenfasttage nicht beobachtet haben und große Peinen [sic!] leiden" (Nr. 48) oder „Für die Seelen, welche den Sonntag nicht geheiligt" (Nr. 58). Die Spielanleitung für die Lose lautete folgendermaßen:

„Es sind einige, welche ihre guten Freunde nicht lassen aus dem Zimmer gehen, bevor selbe nicht das Loos ziehen und Requiescat in Pace oder lasse sie ruhn in Frieden, beten für die Seelen, welche mit der Ziffer des gezogenen Looszettels übereinstimmen".

Die bekannt gewordenen ‚Glückshäfen' folgen alle diesem Prinzip und besitzen ähnliche Gebetsmeinungen; doch sie unterscheiden sich durch ihre Anzahl und Anordnung voneinander. Die Zahl der Gebetsmeinungen kann zwischen 61 und 84 betragen. Man vertraute unter Bezug auf den seligen Johannes von Alverna auf die Macht des Gebetes zur Erlösung der Armen Seelen aus dem Fegefeuer: „Der selige Johannes von Alverna, da er die heiligsten Wunden unseres Herrn Jesu Christi anbetete für die Seelen im Fegefeuer, sah, daß er durch dieses Mittel eine so große Anzahl derselben erlöste, daß solche in den Himmel flogen, wie die Funken eines brennenden Feuer-Ofens". Vorgesehen war nach der Auslosung der Armen Seelen das Beten von fünf Vater Unser und fünf Ave Maria sowie das Verrichten von Guten Werken.

Solche Lotterien sollten den Seelendienst sicherstellen, aber es ging – wie eben beim Glücksspiel auch – nicht immer alles mit rechten Dingen zu. Man entwendete Spielmarken aus den Kästen, um bestimmte Kategorien von Armen Seelen auszuschließen und die Gebete verstorbenen Angehörigen aus der Familie und Verwandtschaft zukommen zu lassen, von denen man glaubte, dass die Typologie der verbliebenen *jetons* auf sie passte. In Vilsbiburg sah man sich genötigt, am „Geistlichen Glückshafen" ein Schild mit folgender Mahnung anzubringen: „Es wird ersucht, diese Nummern der lieben Armen Seelen im Fegfeuer wegen nicht zu entwenden".[36]

---

35 Rudolf Kriss, *Volkskundliches aus Altbayerischen Gnadenstätten. Beiträge zu einer Geographie des Wallfahrtsbrauchtums* (*Das Volkswerk. Beiträge zur Volkskunstforschung und Volkskunde*). Baden bei Wien 1930, S. 44.

36 Sörries, *Lotto spirituale* (wie Anm. 27), S. 42.

Solche Lotterien waren noch zu Beginn des 20. Jahrhunderts im katholischen Europa weit verbreitet, denn 1910 berichtete Marie Andree-Eysn, dass sie „nicht selten" vorkämen.[37] Auf ein Exemplar im Museo Pitrè in Palermo verweist Rudolf Schenda. Der Kapuziner R. M. D'Antonio hatte sich 1716 ein Erlösungsspielchen ausgedacht: Der Leser solle 90 Zettelchen mit den Lotto-Zahlen in eine Schachtel stecken und eine Nummer ziehen. Für jede Nummer fände er auf einer Liste eine andere Personengruppe verzeichnet, die im Läuterungsfeuer schmachte und der durch Zufall von Menschenhand gelenkten Erlösung harre, so z. B. „79. Katholische Soldaten, die in der Schlacht gefallen sind" oder „86. Diejenigen, die dieses Blatt veröffentlichen, verbreiten und in ihrem Haus halten".[38]

Auch in den 50er Jahren des 20. Jahrhunderts waren ‚Geistliche Lotterien' für Arme Seelen noch nichts Ungewöhnliches. So beschreibt Walter Heim eine Kanontafel mit aufgeklebtem Druckbogen neben dem Haupteingang zur Klosterkirche der Visitantinnen an der Rue de Morat in Fribourg in der Schweiz. Die Überschrift lautet: „Sort charitable pour le soulagement des âmes du Purgatoire". An der Tafel ist ein Blechbehälter angebracht, der Kanontäfelchen mit Nummern enthält.[39] Die Spielanleitung empfiehlt: „Ceux qui auront de la charité pour la délivrance des âmes du Purgatoire par l'exercise de cette sainte, louable dévotion, tireront le sort, pour savoir quelles âmes ils doivent particulièrement secourir […]". Die Armen Seelen sind diesmal in 61 Kategorien eingeteilt, z. B.: „1. Priez pour les âmes de vos domestiques qui souffront dans les peines du Purgatoire. 2. ... pour ceux qui ont trop présumé de la miséricorde de Dieu. 3. ... pour les âmes de ceux qui vous ont aimé, que vous avez aimés pendant leur vie ... "

In Deutschland konnte Rudolf Kriss an einer Reihe bayerischer Wallfahrtsorte mehrfach solche „Geistlichen Lotterien" für Arme Seelen feststellen, so z. B. in Pöllath bei Pfaffenhofen, wo sie zu seiner Zeit noch verkauft wurden.[40] Auch in Tirol und

---

37 Marie Andree-Eysn, *Volkskundliches aus dem bayerisch-österreichischen Alpengebiet.* Braunschweig 1910, S. 52.

38 Rudolf Schenda, „Die Sammlung italienischer Flugblätter im Museo Pitrè, Palermo". In: *Zeitschrift für Volkskunde 58* (1962), S. 210–237, hier S. 221.

39 Walter Heim,, „Geistliche Lotteriespiele". In: *Schweizer Volkskunde. Korrespondenzblatt der Schweizerischen Gesellschaft für Volkskunde* 45 (1955), S. 41–43, hier S. 41.

40 Rudolf Kriss, *Die Volkskunde der altbayerischen Gnadenstätten.* Bd. 1, München-Pasing 1953, S. 51.

in der Schweiz waren sie beliebt. Heim etwa erinnert sich, dass sich in der Wallfahrts-kapelle Schönenwegen-St. Gallen in den 30er Jahren des 20. Jahrhunderts noch ein „Glückshafen" befunden habe, der allerdings inzwischen entfernt worden sei.

VI. Geistliche Spielhöllen: Kartenspiele für die Armen Seelen

Dass es neben den ‚Geistlichen Glückshäfen' weitere vergnügliche Erlösungshilfen gab, mag dazu verführen, von ‚geistlichen Spielhöllen' zu sprechen: Die Rede ist von Kartenspielen. Arme Seelen-Spielkarten funktionierten ähnlich wie die Glückshäfen. Man musste Kategorien von Armen Seelen (Gebetsmeinungen) erlosen, für die ein Gebet zu sprechen war. Aus einem Kästchen zog man allerdings keine Nummern, um dann auf einem entsprechenden Bogen die Gebetsmeinung abzulesen, sondern die Spielkarten trugen selbst die Gebetsmeinung. Ein Kartenspiel, ein ‚Arme-Seelen-Spiel' aus dem 19. Jahrhundert, das sich heute im Stadtmuseum Burghausen befindet, zeigt, dass der formale Unterschied zu den üblichen weltlichen Kartenspielen nur gering war: Die Karten tragen die normalen Spielkartenwerte Eichel, Laub (Gras), Herz und Schell, wie man sie vom ‚Schafkopf' her kennt. Andere Kartenspiele zeigen die Symbolik des Todes, so den Totenschädel über gekreuztem Gebein mit der darunter angebrachten Gebetsmeinung.

Solche Lotterien waren nicht unumstritten. Zwar führten sie in spielerischer Form an das Totengedenken sowie an die Fürbitten für die Verstorbenen heran und dienten funktional einer „recht verdienstlichen Zeitvertreibung". Warum sollte man nicht Beelzebub durch Beelzebub austreiben und das Laster des Kartenspiels in zumindest sinnvollere Bahnen lenken? Andererseits waren diese bildhaft-spielerischen Aktivi-täten den Seelsorgern häufig ein Dorn im Auge. Denn man spielte Lotterie nicht nur für die Armen Seelen. Bei den ‚Gaben des Heiligen Geistes' etwa handelt es sich um ein weiteres geistliches Lotteriespiel: Zettel mit geistlichen Erwägungen über die ‚Sieben Gaben des Heiligen Geistes', nach Isaias 11, 2–3 Weisheit, Verstand, Rat, Stärke, Wissenschaft, Frömmigkeit und Furcht des Herrn wurden an Pfingsten als Lose gezogen. Man hoffte, auf diese Weise eine besondere Beziehung zu der gezo-genen ‚Gabe' zu erlangen.[41] Walter Heim bestätigt, dass dieser Pfingstbrauch in den

---

41 Heim, *Geistliche Lotteriespiele* (wie Anm. 39), S. 42.

50er Jahren des 20. Jahrhunderts im schweizerischen Immensee noch heimisch gewesen und wahrscheinlich von italienischen Nonnen eingeführt worden sei. Zu Beginn seien Zettel mit italienischer Beschriftung verwendet worden, die wohl aus Italien stammten. Die anschließend in Immensee zuerst gedruckten und später hektographierten Zettel mit dem Taubensymbol des Heiligen Geistes auf der Rückseite gelangten auch außerhalb des Klosters: Lehrerinnen forderten sie für den Schulunterricht an.

VII. Geschichte in der Gegenwart

Aufklärung, kirchliche Verbote und die Säkularisierung des Lebens dezimierten solche frommen Lotterien. Wie der Armeseelenglaube selbst erscheinen sie kurios, abergläubisch, eine absurde belanglose Nebensächlichkeit der Frömmigkeits- und Kulturgeschichte. Doch in Neapel bringen Losverkäufer ihre Lotteriezettel unbeirrt neben den Totenschädeln vor der *Chiesa S. Maria delle Anime del Purgatorio ad Arco* an die Kunden. Schaden kann die Nähe zu den Toten in einer Stadt, in welcher der Tod und die Toten Teil der alltäglichen Erfahrungswelt sind, nicht, und wenn die Nähe nicht schadet, dann kann die Nachbarschaft von Lebenden und Toten nur nutzen. Doch Neapel ist überall, und die Geschichte besitzt nicht nur in dieser Stadt ihre Gegenwart. Man will es nicht glauben, aber in Acholshausen bei Würzburg hängt ein solcher ‚Glückshafen' nach wie vor an der Innenseite der Friedhofsmauer mit vollem Zubehör, einer Tafel mit 69 plus 1 („Für alle armen Seelen im Fegefeuer") Typen von Armen Seelen und einem Kästchen für die *jetons*. Über das Alter dieses ‚Glückshafens' ist wenig bekannt, doch er scheint jünger zu sein als der 1821 eingerichtete Friedhof. Immerhin erinnern sich ältere Leute noch daran, dass früher kaum ein Friedhofsbesucher den Ort verließ, ohne eine Nummer zu ziehen und neben der Fürbitte die vorgeschriebenen Vater Unser und Ave Maria zu beten, ja oft hätten die Menschen am ‚Glückshafen' Schlange gestanden.[42]

Wer in Acholshausen den *jeton* mit der Zahl 65 erwischt, hat für diejenigen zu beten, „... die sündhafte Spiele trieben". Dem muss nichts hinzugefügt werden.

---

42 Sörries, *Lotto spirituale* (wie Anm. 27), S. 42.

Bibliographie

Alsheimer, Rainer, „Katalog protestantischer Teufelserzählungen des 16. Jahrhunderts". In: Brückner, Wolfgang (Hg.): *Volkserzählung und Reformation. Ein Handbuch zur Tradierung und Funktion von Erzählstoffen und Erzählliteratur im Protestantismus*. Berlin 1974, S. 417–519

Andree, Richard, *Votive und Weihegaben des katholischen Volks in Süddeutschland*. Braunschweig 1904

Andree-Eysn, Marie, *Volkskundliches aus dem bayerisch-österreichischen Alpengebiet*. Braunschweig 1910

Ariès, Philippe, *Bilder zur Geschichte des Todes*. München/Wien 1984

Breidecker, Volker, *Rom. Ein kulturgeschichtlicher Reiseführer*. Essen 2004

Capuana, Luigi/Croce Benedetto/Di Giacomo, Salvatore/Serao, Matilde, *E parve castigo del cielo. Voci di fine ottocento sul principe di Sansevero e il suo palazzo*. Napoli 2003

Cordovani, Rinaldo, *La cripta die Cappucini. Chiesa dell'Immacolata Concezione Via Vittorio Veneto – Roma*. Roma 2005

D'Aquino di Caramanico, Alessandro, *Il principe e il mago. Incontro fantastico del Principe di San Severo con il Mago I. Newton (nella misteriosa Napoli del '700)* Soveria Mannelli 2003

Damals. Das Magazin für Geschichte und Kultur 40 (April 2008), Heft 4

Dansel, Michel, *Au Père-Lachaise. Son histoire, ses secrets, ses promenades*. o. O. 1976

Daxelmüller, Christoph, „Assimilation vor der Assimilation. Säkularer Lebensstil und Religiosität in der jüdischen Gesellschaft des 17. Jahrhunderts". In: Lehmann, Hartmut/Trepp, Anne-Charlott (Hg.), *Im Zeichen der Krise. Religiosität im Europa des 17. Jahrhunderts (Veröffentlichungen des Max-Planck-Instituts für Geschichte*, Bd. 152). Göttingen 1999, S. 265–293

Daxelmüller, Christoph, „Bibliographie barocker Dissertationen zu Aberglaube und Brauch. Teil I". In: *Jahrbuch für Volkskunde* NF 3 (1980), S. 194–238

Daxelmüller, Christoph, „Der Friedhof als Kommunikationsraum, der Tote als Familienmitglied. Historische Stratigraphien des Umgangs mit dem Tod". In: Brademann, Jan/Freitag, Werner (Hg.), *Leben bei den Toten. Kirchhöfe in der ländlichen Gesellschaft der Vormoderne (Symbolische Kommunikation und gesellschaftliche Werte-*

systeme. Schriftenreihe des Sonderforschungsbereichs 496, Bd. 19). Münster 2007, S. 157–172

Daxelmüller, Christoph, „Tote (II. Volkskunde)". In: *Lexikon des Mittelalters* Bd. VIII, München/Zürich 1996, Sp. 892–894

Daxelmüller, Christoph/Thomsen, Marie-Louise, „Mittelalterliches Wallfahrtswesen in Dänemark. Mit einem Kultstättenkatalog". In: *Jahrbuch für Volkskunde* NF 1 (1978), S. 155–204

Giordano, Patrizia (Hg.), *Passaggio a Purgatorio ad Arco*. Napoli 2001

Göttler, Christine, *Die Kunst des Fegefeuers nach der Reformation. Kirchliche Schenkungen, Ablaß und Almosen in Antwerpen und Bologna um 1600 (Berliner Schriften zur Kunst,* Bd. 7). Mainz 1996

Graupe, Heinz Mosche, *Die Statuten der drei Gemeinden Altona, Hamburg und Wandsbek. Quellen zur jüdischen Gemeindeorganisation im 17. und 18. Jahrhundert. Teil I: Einleitung und Übersetzungen. Teil II: Texte (Hamburger Beiträge zur Geschichte der deutschen Juden,* Bd. 3, I–II). Hamburg 1973

Grieco, Gianfranco/Preite, Mariano del, *Gennaro, il Santo di Napoli. Una città e il suo Patrono: diciasette secoli di devozione.* Gorle 1995

Gugitz, Gustav, *Österreichs Gnadenstätten in Kult und Brauch. Ein topographisches Handbuch zur religiösen Volkskunde in fünf Bänden.* Wien 1955–1958, hier Bd. 2, Wien 1955

Hänninen, Suvi, "The Street Shrines of Naples as the Setting of Popular Religion". In: *Ethnologia Fennica. Finnish Studies in Ethnology* 29 (2001), S. 56–68

Harmening, Dieter, *Superstitio. Überlieferungs- und theoriegeschichtliche Untersuchungen zur kirchlich-theologischen Aberglaubensliteratur des Mittelalters.* Berlin 1979

Harmening, Dieter, *Wörterbuch des Aberglaubens.* Stuttgart 2005

Hartinger, Walter, *... denen Gott genad! Totenbrauchtum und Armen-Seelen-Glaube in der Oberpfalz.* Regensburg 1979

Heim, Walter, „Geistliche Lotteriespiele". In: *Schweizer Volkskunde. Korrespondenzblatt der Schweizerischen Gesellschaft für Volkskunde* 45 (1955), S. 41–43

Hondorff, Andreas, *Promptuarium Exemplorum.* Frankfurt a. M. 1595, S. 64^v–65^r

Innes, Brian, *Der Tod und das Leben danach.* Bindlach 1999

Jezler, Peter (Hg.), *Himmel, Hölle, Fegefeuer. Das Jenseits im Mittelalter*. Zürich 1994, S. 276

Kriss, Rudolf, *Die Volkskunde der altbayerischen Gnadenstätten*. 3 Bde., München 1955–1956

Kriss, Rudolf, *Die Volkskunde der altbayerischen Gnadenstätten*. Bd. 1, München-Pasing 1953

Kriss, Rudolf, *Volkskundliches aus Altbayerischen Gnadenstätten. Beiträge zu einer Geographie des Wallfahrtsbrauchtums* (*Das Volkswerk. Beiträge zur Volkskunstforschung und Volkskunde*). Baden bei Wien 1930

Kriss-Rettenbeck, Lenz, *Bilder und Zeichen religiösen Volksglaubens*. 2. Aufl. München 1971

Le Goff, Jacques, *Die Geburt des Fegefeuers. Vom Wandel des Weltbildes im Mittelalter*. München 1990

Loos, Hellmut, *Griechenland. Durch die wilde Mani*. Gnas 1998

Metken, Sigrid (Hrsg.), *Die letzte Reise. Sterben, Tod und Trauersitten in Oberbayern*. München 1984

Metzger, Thérèse u. Mendel, *Jüdisches Leben im Mittelalter nach illuminierten hebräischen Handschriften vom 13. bis 16. Jahrhundert*. Fribourg/Würzburg 1983

Moritz, Karl Philipp, „Reisen eines Deutschen in Italien in den Jahren 1786 bis 1788". In: ders., *Werke*. Hg. von Horst Günther, Bd. 2. Frankfurt a. M. 1981

Moser-Rath, Elfriede, *Dem Kirchenvolk die Leviten gelesen. Alltag im Spiegel süddeutscher Barockpredigten*. Stuttgart 1991, S. 69–70.

Pardo, Italo, "Life, Death and Ambiguity in the Social Dynamics of Inner-Naples". In: *Man* 24,1 (1989), S. 103–123

Petzoldt, Leander, „Botschaften vom ‚Dritten Ort'. Zum Phänomen der feurigen Hände in der religiösen und okkulten Subkultur der Gegenwart". In: *Rheinisches Jahrbuch für Volkskunde* 35 (2003/2004), S. 287–304

Piedimonte, Antonio Emanuele, *Il Cimitero delle fontanelle: il culto delle anime del Purgatorio e il sottosuolo di Napoli*. Napoli 2003

Piovitera, Gino/Ranisio, Gianfranca/Giliberti, Enrico, *Lo spazio sacro. Per un'analisi della religione popolare napoletana*. Napoli 1978

Rauscher, Wolfgang, *Oel und Wein Deß Mitleidigen Samaritans Für die Wunden der Sünder. Das ist: Catholische [...] Predigen [...] Theil 1–3.* Dillingen 1689, 1690, 1698, hier Teil 1, 1689, S. 101–102

Schenda, Rudolf, „Die Sammlung italienischer Flugblätter im Museo Pitrè, Palermo". In: *Zeitschrift für Volkskunde* 58 (1962), S. 210–237

Sörries, Reiner, „Lotto spirituale oder der Geistliche Glückshafen. Lotterien für die Armen Seelen". In: *game_over. Spiele, Tod und Jenseits.* Hg. vom Zentralinstitut und Museum für Sepulkralkultur. Kassel 2002, S. 39–48

Spamer, Adolf, *Die deutsche Volkskunde.* Bd. 2, Berlin 1935

Strazzullo, Franco, *Napoli e San Gennaro.* Napoli 1997

Bringt die Hand der Götter den Fluss zum Überlaufen?

Göttliche Zeichen in Brechts *Die Trophäen des Lukullus*

Simone Finkele (Karlsruhe)

Kurzfassung

Es geht in meinem Vortrag um Bertolt Brechts Kurzgeschichte *Die Trophäen des Lukullus* aus dem Jahr 1939 im Zusammenhang des Leitthemas ‚Glück, Zufall, Vorsehung'. Dabei möchte ich insbesondere die Rolle der Götter – die übrigens an keiner Stelle auftreten werden –, deren spezifische Äußerungsmöglichkeiten und wiederum die Lesbarkeit dieser Äußerungsmöglichkeiten zum Thema machen. Die von Brecht paratextuell in seinem Journal als ‚Novelle' deklarierte Geschichte zählt nach wie vor zu den wenig bekannten, wenig populären sowie kaum diskutierten Texten des Autors. Die spärliche wissenschaftliche Beachtung, die das fingierte Gespräch zwischen dem ehemaligen Feldherrn Lukullus und dem Dichter Lukrez bislang erfuhr, beschränkt sich noch immer auf wenige Ausnahmen. Dies sind die Nachschlagewerke zu Brechts Œuvre sowie einige Betrachtungen in größeren Kontexten wie beispielsweise dem mittlerweile auch nicht mehr ganz so jungen Diskurs über Memorialkultur; die Ansätze zur Deutung divergieren, allerdings ohne sich zu widersprechen.

Im Abschnitt I. „Hinführung" werden *Die Trophäen des Lukullus* innerhalb einer Gruppe von Texten gezeigt, die auf unterschiedlichen Ebenen, aber stets in Inhalt und narrativer, formaler Realisierung mit dem Thema der Vorsehung, des Schicksals, des Glücks, des Zufalls, aber auch den dialektisch darauf bezogenen Möglichkeiten zur Selbstbestimmung des Einzelnen zu tun haben, die immer ökonomischen und politischen Zwängen oder Möglichkeiten zugeordnet sind.

Abschnitt II. liefert einen knappen Exkurs vor allem zur Mantik oder Divination als Element des antik-römischen Staatswesens, um inhaltliche Einzelheiten der Kurzgeschichte in einer als Sub- oder Prätext nicht gerade ausgebeuteten, aber zumindest als Lieferantin für historisch überlieferte Schauplätze, Figuren, Handlungen verwerteten und durch Brecht zuweilen sehr eigenwillig weitergestalteten römischen Antike zu verorten. Ich werde insgesamt vorsichtig sein hinsichtlich der Trennung von Fakten und Fiktion sowie hinsichtlich der Trennung von Geschichte als Inhalt der Erzählung und der Erzählung selbst.

Mit Abschnitt III. „Zeichen der Götter – *Die Trophäen des Lukullus*" wird das eigentliche Thema, der Inhalt der Kurzgeschichte erreicht werden; der dann im Abschnitt IV. „Schicksal des Nachruhms" seine Komplettierung erfahren wird.

Abschließend gehe ich mit einer kontextbezogenen Fragestellung in Abschnitt V. „Überlieferung als Zufall?" noch kurz den Veröffentlichungsgeschichten nach und frage, ob nicht auch diese etwas mit der Interpretation insbesondere von *Die Trophäen des Lukullus* zu tun haben.

I. Hinführung

Den Stoff um die Figur Lukullus hat eine ganze Gruppe von Texten zur Grundlage, deren Handlungen aus Themen der antik-römischen Geschichte des ersten Jahrhunderts v. u. Z. besteht, das im allgemeinen als Krisenzeit der Römischen Republik angesehen wird. Diese Textgruppe ist bei leichter Modifizierung der Themen an allen Stellen um weitere Brecht-Texte erweiterbar, so dass wir schließlich bei einem riesigen Hypertext ankommen könnten.

Die Geschichte *Die Trophäen des Lukullus* wird 1939 verfasst, von Brecht selbst aber nie veröffentlicht. Sie wird erst 1962, also einige Jahre nach Brechts Tod, publiziert. Ihr Entstehen kann parallel oder nebenbei zum Roman *Die Geschäfte des Herrn Julius Caesar* gesehen werden. Die Arbeit am Roman zieht sich über mehrere Jahre hin, nachdem sie eigentlich als Arbeit an einem Stück begann. Auch Vorarbeiten zu einem *Caesar*-Film bestehen. Lukullus findet sich – wenn auch am Rande – hier ebenfalls als Figur. Der Roman bleibt Fragment. Veröffentlicht wird er einige Jahre nach Ende des Zweiten Weltkriegs, dann auch nur in Teilen. Neben dem Entstehungs*kontext* der politischen Situation: Drittes Reich und Zweiter Weltkrieg einerseits sowie der Erfahrung von Exil andererseits, hat der Roman mit der Kurzgeschichte die in den letzten Jahrzehnten bzw. Jahren der Römischen Republik situierten Großthemen Imperialismus, Feldherrntum, Geschichtsschreibung und Memorialkult mit all ihren Facetten zu seinen Gegenständen. In formaler und narrativer Hinsicht teilen beide Werke experimentelle, auch transmediale, Darstellungsweisen und Wirkungsabsichten, für die Termini wie Multiperspektivität oder filmaffine Erzählweise veraltet zu sein scheinen – doch dazu an anderer Stelle.

Bald nach der Kurzgeschichte entsteht im November desselben Jahres das Hörspiel *Das Verhör des Lukullus*, von Brecht als ‚Radiostück' deklariert, das sowohl in schriftlicher Form veröffentlicht als auch am 12. Mai 1940 vom schweizerischen Sender Radio Beromünster ausgestrahlt wird.

Am Rande sei erwähnt, dass der Hörspieltext nachfolgend mehrfache Bearbeitungen zu einer Oper, in Zusammenarbeit mit dem Komponisten Paul Dessau, erfährt.

Der Bezug des Lehrgedichts erschließt sich in erster Linie auf formalem Weg über den Versfuß des Hexameters. In der Erzählung *Die Trophäen des Lukullus* finden wir übersetzt zitierte und um Brecht'sche Weiterdichtungen ergänzte Verse aus dem Lehrgedicht des Titus Lucretius Carus *De rerum natura* (*Von der Natur der Dinge*), das in der ersten Hälfte des ersten Jahrhunderts v. u. Z. entstanden ist. Während Lukrez' Lehrgedicht die Erkenntnisse der Lehre des griechischen Philosophen Epikur (4./3. Jahrhundert v. u. Z.) zum Gegenstand hat und mit diesem die Götter sogenannten Intermundien, Zwischenwelten zuweist, in denen sie ohne Einfluss auf das menschliche Leben existieren, kontrafasziert Brecht mit seinem ‚Lehrgedicht' die Form der Lukrez'schen Verse und füllt diese mit dem Inhalt des *Manifests der Kommunistischen Partei* (1848).

Die Jahreszahlen weisen bereits darauf hin, dass die Arbeit an den Texten – außer diejenige der Opernbearbeitung – im Wesentlichen im Exil geschieht, das in jedem Fall im Hinblick auf den Kontext der Entstehung der Texte erwähnens- und hervorhebenswert ist. Bekanntermaßen flieht Brecht aus Deutschland am Tag nach dem Reichstagsbrand am 28. Februar 1933; zum Zeitpunkt der Entstehung der Kurzgeschichte befinden sich Brecht und seine Familie in Svendborg in Dänemark.

Im Caesarroman lässt Brecht eine der Hauptfiguren, den eine Art Tagebuch führenden Sklaven Julius Caesars, Rarus mit Namen, seinen neuen Geliebten, einen gewissen Pistus, beschreibend, notieren:

„Sein [also Pistus'] einziges Gesprächsthema sind Hunderennen. Er interessiert sich für nichts anderes. [Um dann gleich beim Allgemeinen, unpersönlich Erzählten zu landen:] Das Wetten auf die Hunde ist zum Hauptsport des kleinen Mannes geworden. In allen Barbierläden kann man Wetten abschließen. Einige Hunde sind berühmter als alle Politiker. Bei den Rennen werden Vermögen umgesetzt. Pistus" –

übrigens momentan Kutscher von Beruf – „ist der Meinung, hier liege die einzige Chance des kleinen Mannes, zu bescheidenem Wohlstand zu kommen. Tatsächlich wettet jeder, der ein paar Asse auf die hohe Kante legen kann. Pistus sagt: ‚Es heißt, es ist eine Leidenschaft, das ist reiner Unsinn. Es ist einfach Geschäft. Sag mir, wie ein Plebejer auf andere Art zu ein paar Kröten kommen kann!'"

Rarus notiert weiter, den Freund des neuen Geliebten, einen gewissen Faevula, zitierend, dass ein Rennhund keine Tugenden haben müsse, denn um zu siegen, müsse „‚[s]ein Stall [...] ja nur die andern Hunde besoffen machen.'"

Aber, so Rarus weiter:

„Er [Faevula] hält alles für Schiebung. Aber er setzt natürlich auch. Schiebung oder nicht Schiebung, *wenn man Glück hat, kann man gewinnen*. Und dann kann man was Richtiges anfangen. Er" – so wird nachfolgend konkretisiert, der Sohn eines Bauern – „will Weinbauer werden" (BFA 17, S. 329, Z. 2–19).[1]

Eine Angelegenheit des Zufalls, Glückssache bleiben die Wetten für den kleinen Mann allemal, gleich, ob auf der Seite der Ausführenden sportliches Können oder die Machenschaft der Rennställe am Werke ist. Erstaunlich bleibt die Kombination des Wissens um die Zusammenhänge einerseits und die hartnäckige Beteiligung an den Wetten andererseits, sowie die Fähigkeit dieser Brecht'schen Figuren, all diese Sachverhalte in einen scheinbar recht schnoddrig geäußerten, bei genauem Hinsehen aber differenzierten und tiefgründigen, gar verzweifelten ökonomischen Diskurs einzubringen, innerhalb dessen Hundewetten als relativ sichere Einnahmequelle definiert werden. Umgekehrt nämlich stellt Brecht die Möglichkeit zur Erwerbstätigkeit aus der Perspektive des freien römischen Bürgers als Glücksfall dar. Rarus, Caesars Sklave, hat einen sicheren Arbeitsplatz und finanzielles Auskommen, das dadurch ironisiert wird, dass er seinem Arbeitgeber Caesar ab und zu mit einem Leihbetrag aushelfen muss. Sein Geliebter, ein freier römischer Bürger namens Caebio, schließt sich aus existentieller Bedürftigkeit und der Unmöglichkeit, trotz intensiver Bemühungen seiner selbst und seines Umfelds, Erwerbsarbeit zu finden, den Catilinarischen Rotten an. Andere lassen sich als Söldner für ferne Kriege anwerben, dann besteht noch die leise Aussicht auf Beute aus den Feldzügen neben dem Anspruch auf Sold, dessen

---

1   Sämtliche Brecht-Texte werden zitiert nach: Bertolt Brecht, *Werke. Große kommentierte Berliner und Frankfurter Ausgabe*. Hg. von Werner Hecht, Jan Knopf, Werner Mittenzwei, Klaus-Detlef Müller. Berlin/Frankfurt a. M., 30 Bände. 1988–2000.

Ausbezahlung aber nicht sicher ist. Auch in *Die Trophäen des Lukullus* finden sich sowohl diese Söldner als auch die bis in die Belange der Bevölkerung der eroberten Provinzen sich fortsetzenden ökonomischen Zwänge.

Den Mitgliedern anderer Schichten ergeht es in allen Hinsichten, die anscheinend wesentlich auf eine einzige, die ökonomische, damit zusammenhängend dann auch eine politische, eine imperialistische und eine militärische, zu reduzieren sind, zwar anders, deshalb aber bei weitem nicht besser. Caesars ‚Karriere' als Politiker, als ‚Geschäfte' zusammengefasst, mit all ihren Interdependenzen und beschränkten Handlungsspielräumen, ist eng mit den Sachverhalten verzahnt, die die Erwerbslosigkeit der großen Masse bestimmen. Nicht lediglich die Geschichte selbst, sondern auch die Eigenart ihrer Erzählweisen, ihre Groß- und Mikrostruktur, zielen unter vielem anderen, das hier nicht ausgeführt werden kann, darauf ab, ökonomische Zusammenhänge zu zeigen, die es keinem einzigen zugestehen, sich selbst menschengemäß erhalten zu können.

Eines der großen Themen des Romans ist die Entwicklung des Politikers Caius Julius Caesar, die jedoch weder inhaltlich noch auf der Ebene der Erzählung, eine sein kann noch darf. Eine quasiwissenschaftliche Erzählinstanz wird in der Figur eines Historiographen eingesetzt; das peinliche Scheitern seines Werkes im Verlauf bereits des Stadiums der Recherche wird inhaltlich vorgeführt.

Mehrere berichtende Instanzen erster Hand vermitteln sehr unterschiedliche Caesar-Bilder, mit unterschiedlichen Bezeichnungen für den – in der Erzählung nur aus zweiter Hand des Geschichtsschreibers – berichteten Protagonisten. Vermeintlich am nächsten kommen wir Rezipienten der Figur über den bereits zitierten Rarus, der jedoch statt von Caius Julius Caesar oder Caesar stets von C. berichtet und damit die Figur bereits in seinen scheinbaren und quasiauthentischen Tagebucheinträgen auf ein Minimum reduziert – vielleicht die graphemische Macht des Subalternen, die sich äußert trotz und gerade aufgrund der Suggestion physischer Nähe und Intimität, die er durch grammatische Identität kolportiert. Wir Rezipienten kommen der Caesarfigur innerhalb der Erzählung nie näher als in dieser Erzählschicht, aber auch hier ist Caesar kein Akteur. Am Rande bemerkt verbringt er seine allerpassivsten Momente lethargisch mit der Lektüre griechischer Romane – im alten Rom ein Zeichen der Verweichlichung.

Nochmals soll Caesars Sklave Rarus zu Wort kommen, und damit überdies den Umgang der Figur Caesar mit einem der wichtigsten staatlichen Ämter, dem Oberpriesteramt, zu zeigen. Unter dem Datum: „691 – Jahresende" und somit der historischen Zeit, gezählt *ab urbe condita*, seit der Gründung der Stadt, einbeschrieben findet sich:

„Ich habe eine Aufstellung unserer regulären Einkünfte gemacht". [Rarus benutzt zunächst für die Beschreibung der Tätigkeit selbst die erste Person Singular, wechselt dann aber zum Possessivpronomen „unserer", das seine und Caesars Figur in kollektivem Plural zusammenfasst, der eine Weile beibehalten wird] „Trostlos. Aus dem Oberpriesterposten [...] schlugen *wir* dieses ganze Jahr nicht mehr heraus als schäbige 320.000 Sesterzien. ([Klammer auf] Inklusive Scheck *von* den ägyptischen Leinwandspinnereien *für* die neuen Augurenüberwürfe und Remuneration für Verlegung der Ceresfestlichkeiten.) [Klammer zu] Das Amt hat uns 840.000 gekostet. Zinsen zahlen wir acht Prozent! Natürlich hätten wir besser abschneiden können, wenn C. wirklich rechnete [...]." [Hier erfolgt der Wechsel zur dritten Person Singular für Caesar] „Er nimmt 20.000 Sesterzien für einen Augurenspruch, der die Wahl eines Quästors verhindert, und gibt dann ein Pontifikalessen, das 22.000 kostet. Das schlimmste ist, daß die City ganz unverschämt alles als „Gefälligkeiten" in Anspruch nimmt, und wir" [hier wieder der Plural] „müssen das schlucken, weil wir Wechsel laufen haben. Ein ewiger Kreislauf!" (BFA 17, S. 287, Z. 14–29).

Soweit die Eintragungen des Rarus. Der Kreislauf, scheinbar lapidar ausgeworfen, verweist aufs Ganze: nebenbei den Kreislauf des Geldes zitierend parallelisiert der Terminus Kreislauf mit dem Ineinandergreifen von Anfang und Ende, Ursache und Wirkung die im Grunde banale Handlung aus ökonomischen Abhängigkeiten und auch das mehrfache Neuansetzen der Erzählung selbst mit der Radform beziehungsweise mit der hier bereits gut eingeführten Gestalt der *Fortuna mit dem Rad.*

Caesar laviert also auch im religiösen Dienst, einem Staatsamt, ungeschickt. Scheinbar beiläufig wird der gebräuchliche Missbrauch der rituellen Handlung der Weissagungen dargelegt, der stattfindet, um Einfluss auf eine – hier allerdings ziemlich limitierte, also auf die simple Nichtwahl eines Quaestors beschränkte – Zukunft zu nehmen.

Auch das von Brecht paratextuell als ‚Radiostück' deklarierte Hörspiel *Das Verhör des Lukullus* referiert und gestaltet die ökonomischen Zusammenhänge zwischen imperialistischen Feldzügen und Erwerbslosigkeit sowie die schiere Abhängigkeit des einzelnen Lebens von den wirtschaftlichen Verhältnissen auf der Basis der römischen Geschichte einerseits sowie die Frage nach der Möglichkeit adäquater Überlieferung andererseits. Der in den Mithridatischen Kriegen erfolgreiche Feldherr Lukullus wird zu Grabe getragen und muss sich im Totenreich vor einem aus der Perspektive der Nachwelt urteilenden Gericht verantworten. Die posthume Korrektur der Leistungen des Feldherrn findet hier inhaltlich wie strukturell durch die Form der Gerichtsverhandlung statt.

Dabei kommen die Opfer seiner Taten zu Wort, die die an ihnen ausgeführten kriegerischen Handlungen zumeist wie Naturkatastrophen empfinden, die mitten im Alltag über sie hereinbrechen: von Blitzschlag ist die Rede (BFA 6, S. 102, Z. 7–9) und von einem Fluss – Bewohnerinnen einer zerstörten Stadt berichten:

„Eines Mittags brach da ein Getöse los
In die Straßen schwemmte da ein Fluß
Der hatte menschliche Wellen und trug
Unsre Habe hinweg. [...]"
(BFA 6, S. 104, Z. 7-10)

In der über Lukullus zu Gericht sitzenden Kommission, aus der Perspektive menschlicher Zukunft installiert, befindet sich ein „Fischweib". Als die Kompetenz der Frau, überhaupt über den Krieg urteilen zu können, von Lukullus angezweifelt wird, beschreibt sie ihre Suche nach ihrem Sohn, der sich nicht unter den Soldaten, die aus den Mithridatischen Kriegen zurückkommen, befindet. Auf der Suche nach ihm wird sie krank und stirbt. Im Reich der Toten angekommen, sucht sie auch dort weiter, ohne fündig zu werden. Eigentlich berichte ich hiervon, um über den Namen des Sohnes zu sprechen. Sie ruft also: „Faber!" „[...] denn das war sein Name" (BFA 6, S. 108, Z. 12). „Faber" ist hier wohl weniger als Eigenname zu verstehen als vielmehr als komplexe Markierung und als Rekurs auf die anthropologische Vorstellung und den Begriff vom *homo faber*, des herstellenden, aktiv-technisch handelnden Menschen. Die Bemerkung der Mutter, „das war sein Name", schränkt zwar wieder auf ihren Sohn ein. Dieser jedoch bleibt unauffindbar und als einzelner „Faber" hat er lediglich Stellvertreterfunktion. Denn weiter erzählt sie:

„Und ich lief und lief durch Schatten
Und vorbei an Schatten hin zu Schatten
Faber! rufend bis ein Pförtner drüben
In den Lagern der im Krieg Gefallnen

Mich am Ärmel einhielt und mir sagte:
Alte, hier sind viele Faber. Vieler
Mütter Söhne, viele sehr vermisste
Doch die Namen haben sie vergessen
Dienen nur, sie in das Heer zu reihen
Und sind nicht mehr nötig hier [...]."
(BFA 6, S. 108, Z. 13 – 22)

Die unzähligen passierten „Schatten", also Toten wie die lapidare Aussage des „Pfört-
ners", es gäbe hier „viele Faber", zeigen das Ergebnis des Heeresdienstes ihres Sohnes
und zahlloser anderer Männer. Im Reich der Toten befinden sie sich in an Massen-
gräber erinnernden Lagern (!), auch hier ohne individuelle Kennzeichnung. Die Vorstellung vom Menschen als selbständig handelndem Wesen ist endgültig ad absurdum
geführt. Der einzelne Mensch ist fremdbestimmt, funktionalisiert und dem Tod über-
lassen, um schließlich in der Namenlosigkeit zu versinken, die er nur für die Ein-
schreibung ins Heer verlassen hatte.

An dieser Stelle sei resümiert, was wir bislang – in antiker Einkleidung – auf der
Inhaltsebene fanden:

- das Glück beim Spiel als einzige freie Existenz- bzw. Fortkommens-
  möglichkeit [dieser Aspekt wird nicht mehr auftauchen]

- die Einbindung religiös-kultureller Praktiken in den Staatsdienst sowie deren
  Missbrauch

- die als kontingent wie Naturkatastrophen erlebten Eroberungen durch das
  römische Heer sowie in jedem Fall

- die all diesen Sachverhalten inhärente Unmöglichkeit, ökonomischen, sozialen, politischen Zwangslagen aus eigenem Antrieb zu entkommen.

Die Trophäen des Lukullus berichten nun, wie in seiner städtischen Villa, von Gärten
umgeben, der ehemalige Feldherr Lukullus den Dichter Lukrez empfängt. Es ent-
spinnt sich in der Form einer Rahmenhandlung ein längeres Gespräch über existentielle Themen im weitesten Sinne. Dazu zählen Religion und Religiosität, Imperialismus und Befehlsgewalt, Ökonomie und Kunst, Ruhm und Erinnerung sowie historische Überlieferung, demnach in der Mehrzahl Aspekte, die nicht ausschließlich, aber
auch mit einem Blick in die Zukunft und die Frage nach der Vorbestimmung, Bestim-

mung oder Bestimmbarkeit des menschlichen Individualschicksals und Gemein-
schicksals verbunden sind.

Halten wir uns zunächst beim ersten der genannten Aspekte auf, der Religion und
der Religiosität [2] und [3], um dann zu den Konsequenzen für die Protagonisten zu
kommen, zu denen aus den übrigen thematischen Aspekten in erster Linie die Überlieferung beziehungsweise Erinnerung herangezogen wird [4].

Dazu verlassen wir zunächst wieder die Kurzgeschichte und widmen uns in Abschnitt II. dem antiken Subtext von Mantik oder Divination als Element des Staatswesens.

II. Mantik oder Divination als Element des Staatswesens

Wie noch bei zahlreichen weiteren Texten Brechts bildet unübersehbar für unseren
engeren Gegenstand die Geschichte Roms im ersten Jahrhundert vor der christlichen
Zeitrechnung, das als Krisenzeit der Republik aufgefasst wird, den historischen Subtext. Auf die Tatsache, dass Brecht für die Ausgestaltung dieses und anderer Texte bis
in die Einzelheiten der Wirklichkeitseffekte vor allem antiken, aber auch zeitgenössischen historischen Quellen folgt oder diesen, wo nicht widerspricht, so doch in einen
Diskurs mit ihnen tritt, sei hier lediglich verwiesen. In diesem Zusammenhang wäre
u. a. die Analyse der beiden Protagonisten und ihrer historischen Vorbilder, Lucius
Licinius Lucullus sowie Titus Lucretius Carus zu verorten.

Brecht benutzt sehr viele antike und die römische Antike behandelnde zeitgenössische Prätexte, schöpft aus Geschichte und deren Darstellung, nicht ohne im Detail
auch oft eigenes hinzuzufügen. So findet sich kein Anhaltspunkt, dass die bereits erwähnten Hundewetten in der Antike bereits stattgefunden haben, wohingegen Hunderennen belegt sind. Der *Neue Pauly* verzeichnet drei Gelegenheiten zu Wetten: Würfelspiele, Wagenrennen und Gladiatorenkämpfe bzw. Wetten auf den Ausgang sportli-
cher Wettbewerbe, die *causa virtutis* stattfanden, so dass – dem Kommentar der
Brecht-Ausgabe zufolge legen Quellen im BBA dies nahe – anzunehmen ist, dass
Brecht die Wetten aus der Auswertung zeitgenössischen Materials gestaltet. Aus der
römischen Antike ist die gewerbliche Organisation der Wetten nicht überliefert.

Eine weitere Komponente dieser *Wirklichkeitseffekte* soll genauere Betrachtung erfahren, da sie in der Kurzgeschichte strukturbildende Bedeutung erhält. Im Caesar-

roman sowie in *Die Trophäen des Lukullus* gibt es einen einen Rekurs auf einen wesentlichen Zug des römischen Staatswesens bzw. diesem inhärenten kulturelle Praktiken. Im hier relevanten Zeitabschnitt ist die römische Religion Staatsreligion. Die staatlichen Götterkulte bestehen aus der Verehrung Jupiters als höchstem Gott, dessen Gemahlin Juno und der Schutzgöttin der Stadt Rom, Minerva. Daneben gibt es zahlreiche Götter für unterschiedliche Bereiche. Der Kult steht unter Verwaltung und Aufsicht der Magistrate, der Beamten. Die kultischen Handlungen und Rituale werden von staatlich beauftragten Priestern vollzogen. Das Amt des *pontifex maximus*, des obersten Priesters, dem auch die Ernennung und Kontrolle der Opferpriester obliegt, ist eines der höchsten Staatsämter. Die Zustimmung der Götter, ein entscheidendes, politisches Moment in der *res publica*, äußert sich im *fatum*, dem weisunggebenden Spruch [dessen weitere Entwicklung an dieser Stelle bereits häufig Thema war], der im Grunde eine Aussage über die Zukunft darstellt und das Leben der Sphäre des Zufälligen enthebt. Ich vereinfache sehr, wenn ich behaupte, dass es göttliche Anweisung oder Zustimmung, *divinatio*, ist, die vor allen staatlichen Aktionen wie der Auszug in einen Krieg, der Anfang einer Schlacht und auch der Beginn einer Sitzung des Senats oder der Volksversammlung, eingeholt. Sie wird u. a. übermittelt durch die *haruspices* – und hier kommen auch die Opfer ins Spiel, die Eingeweideschauer, die Vogelflugschauer, die *augures*, oder wird ausgelegt durch die *ars fulguratoria*, die Blitzschau. Hinzu kommt die Auslegung weiterer Wetterzeichen. Vor einer Schlacht finden insbesondere die *auspicia* Beachtung, die Beobachtung und Auslegung des Vogelflugs. Brecht hingegen lässt in der Kurzgeschichte Opfer ausführen, als Detailrealismen fügt er Feldaltäre bei.

Neben den durch das Gemeinwesen in Form von Schenkungen, Steuern und Abgaben oder Kriegsbeute finanzierten, häufig aus den Erträgen von Grundstücksverpachtungen unterhaltenen öffentlich-staatlichen Götterkulten *(sacra publica pro populo Romano)*, durch deren Einsatz die römische Bevölkerung ihre obligatorischen Pflichten gegenüber den Göttern erfüllt und deren Missbrauch und Manipulation der Althistoriker Jürgen Bleicken in der Nachfolge antiker Schriftsteller wie u. a. Marcus Tullius Cicero als üblich beschreibt, existieren private Kulte der einzelnen Geschlechter und Haushalte *(sacra privata)*.

III. Zeichen der Götter – *Die Trophäen des Lukullus*

Die Trophäen des Lukullus kommen in der Form eines Dialoges im Grunde ohne wirkliche Handlung aus. Sie schaffen es, auf ungefähr neun Seiten die Dichtungsarten Epik, Dramatik und Lyrik zu durchlaufen, räumlich die halbe Welt zu umspannen, jegliche Zeitstufe zu erreichen, Ereignisse der sogenannten Weltgeschichte zu beinhalten und dabei Grundfragen menschlicher Existenz zu bewältigen.

Die Kurzgeschichte besteht aus einem Besuch des Dichters Lukrez beim ehemaligen Feldherrn Lukullus „[z]u Beginn des Jahres 63 [...]" (BFA 19, S. 425, Z. 1). Lukullus ist als Oberbefehlshaber im asiatischen Krieg von Pompejus abgelöst worden, einige Epitheta und Gesten zeigen sein fortgeschrittenes Alter an.

Lukrez' Besuch scheint Gesprächen der beiden Figuren über die Philosophie zu dienen, innerhalb derer tatsächlich rasch und direkt durch Titelzitat markierter Bezug genommen wird auf Lukrez' „[...] Lehrgedicht *Von der Natur der Dinge* [...]" (BFA 19, S. 425, Z. 28). Die Lukullusfigur hält sich nicht mit einem ausführlichen Rekurs auf den Inhalt des Lehrgedichtes auf, sondern fasst, im Text in der Form narrativisierter Rede wiedergegeben und den eigentlichen Gegenstand etwas umkreisend zusammen:

„Er [Lukullus] wies darauf hin, es sei gefährlich, die Religiosität einfach als Aberglauben abzutun. Religiosität sei dasselbe wie Moral. Auf das eine verzichtend, verzichte man auch auf das andere. Die abergläubischen Vorstellungen, die man widerlegen könne, seien verknüpft mit andern Vorstellungen, deren Wert man nicht beweisen könne, die man aber nichtsdestoweniger brauche. Und so fort und so fort." (BFA 19, S. 425, Z. 29–35)

Lukrez muss ihm hier widersprechen, denn die der epikureischen Philosophie folgende theoretische Verbannung von Göttern in Welten fern von der menschlichen ohne Einfluss auf diese macht die von Lukullus genannten Interdependenzen wirkungslos und endlich obsolet.

Lukullus hingegen, der „[...] alte Feldherr[,] erzählte, *um seine Anschauungen zu bekräftigen*, einen Traum, den er während der asiatischen Feldzüge gehabt hatte, im letzten, wie es sich zeigte" (BFA 19, S. 425, Z. 36–39)

An dieser Stelle beginnt die recht umfangreiche Schilderung eines Traums durch den alten Feldherrn, nachdem er zuvor rückblickend auf vergangene Ereignisse die Situation, in der ihm dieser Traum widerfuhr, umreißt:

„Es war nach der Schlacht bei Gasiura. Unsere Lage war nahezu verzweifelt. Tri-
arius, damals mein Unterfeldherr, war mit seinen Entsatztruppen in einen Hinterhalt
gefallen. Ich musste ihm sofort zu Hilfe kommen, sonst war alles verloren. Und
gerade da nahm in der Armee infolge des langen Ausbleibens der Besoldungen die
Insubordination einen bedrohlichen Umfang an." (BFA 19, S. 426, Z. 1–7).

An dieser Stelle setzt eine Geschichte innerhalb der Geschichte ein; die von Lukullus hier seinem intratextuellen Zuhörer, dem Dichter, erzählten Ereignisse sind, bis
auf ihren Schauplatz, den Fluss Halys, historisch nicht zu belegen. Vor Überarbeitung,
berichtet Lukullus, sei er nachmittags eingeschlafen. Er träumt, dass, wenn er den Teil
des durch den angeschwollenen, somit unüberwindbaren Fluss geteilten mithridatischen Heeres angreife, der auf derselben Seite des Halys lagerte wie seine eigenen
Truppen, er den Sieg davontragen würde. Denn die Truppen des feindlichen Heeres
könnten in dieser Situation keine militärische Hilfe bekommen. Am kommenden
Morgen werden vor dem Angriff Opfer ausgeführt, die, auf Anweisung des Lukullus
an die Priester, gute Vorzeichen für die Schlacht liefern. Hier zeigt sich, dass Lukullus
im Gespräch mit Lukrez zwar die Auffassung von einer moralischen Funktion der
Religion zur Aufrechterhaltung des Gemeinwesens vertritt, sich aber hinter dieser
Formulierungskonvention eigentlich – zumindest was den Einsatz für die Schlacht an-
geht – ein freimütig und unverhohlen dechiffriertes Instrument zur Lenkung seiner
Truppen verbirgt. Während seines Aufrufs zur Schlacht entgleitet Lukullus die
Kontrolle über die Truppen seines Heeres, weil, wie er selbst beobachtet, der Fluss in
diesen Momenten über die Ufer tritt, einen Erdwall zum Einstürzen bringt und einen
Bauernhof bedroht, dessen Bewohner, ihre bewegliche Habe packend, fliehen. Spon-
tan beginnen einige der Soldaten des Lukullus, auf die Bauern zuzulaufen, um zu
helfen. Während der Feldherr Lukullus noch zum Sturm auf die Feinde aufruft,
bewegt sich sein Heer auf den Damm zu, nicht Lukullus' Schlachtruf folgend, sondern
dem gesunden Menschenverstand gehorchend. Ihm entgehen diese Zusammenhänge,
obwohl er sie mit eigenen Augen sieht und er selbst durch die Bewegung mitgerissen
wird. Er glaubt noch, seine Soldaten würden seiner Anweisung Folge leisten. Diese
Anweisung sucht den Dammbruch als göttliches Zeichen zu deuten: „Die Hand der
Götter, Soldaten, Sie haben dem Fluß befohlen, den Damm des Feindes zu Fall zu
bringen. Los, im Namen der Götter!" (BFA 19, S. 427, Z. 9–11)

Bemerkenswert ist hier das militaristische Vokabular, das den Willen der Götter
beschreibt. Entscheidend für den Fortgang der Handlung und für die Deutung ist, dass

Lukullus die Befehlsgewalt über seine Truppen vollkommen entgleitet und er gerade diesen Sachverhalt geraume Zeit – sowie auch über geraume Erzählzeit hinweg – nicht bemerkt: Zeitgleich zu ‚seiner' Handlung läuft in einer sich von der Geschwindigkeit, Richtung und Perspektive derselben unterscheidenden Weise eine weitere Handlung ab, deren Zeichen er in falscher, für ihn selbst aber zunächst logischer Weise liest und berichtet. Eingangs fallen die Richtung seines Befehls und die durch den anderen Impuls veranlasste Bewegung der Soldaten noch zusammen. Die Textpassage beinhaltet für den Rezipienten größtes Spannungspotential in beiderlei Hinsicht – was geschieht und auf welche Weise wird es vermittelt? Welche Rolle spielt der der hier militärischen Ordnung zuwider laufende Zufall? Inhaltlich löst ein Wortwechsel zuungunsten des Feldherrn die Situation. Lukullus berichtet an Lukrez:

„Ich schrie den Nächststehenden oder besser den Nächstlaufenden zu: Auf den Feind – Ja, auf den Fluß! schrieen sie eifrig zurück, als hätten sie mich nicht verstanden. – Aber die Schlacht! schrie ich. – Später! vertrösteten sie mich." (BFA 19, S. 427, Z. 27–30)

Die Schlacht wird für die Soldaten so unwichtig, dass sie beliebig aufschiebbar scheint. Lukullus' Versuch, seine eigenen Truppen durch Befehle aufzuhalten, schlägt fehl, weil sie ihn, als er sich ihnen in den Weg stellt, gar nicht als ihren Feldherrn erkennen, sondern sich „[...] ganz ehrlich [...]" gegenseitig fragen: „Wer ist das?" (BFA 19, S. 427, Z. 37–38). Das unvorhergesehene Ereignis nähert Personen, in der Kurzgeschichte Figuren, einander an, die eigentlich nichts miteinander zu tun haben. Zunächst werden sie im Krieg ihrem gewohnten Umfeld enthoben und die Konstellation ihrer Beziehungen neu kombiniert, dann werden durch den Dammbruch wiederum veränderte soziale oder interpersonale, auf der Ebene der Erzählung interfigurative Bezugssysteme hervorgerufen, die die Soldaten zumindest an eine ihrer gewöhnlichen Lebensweise ähnliche Situation wieder annähern, aber die Figur des Lukullus neu einsortieren. Es zeigt sich überdies einerseits der Grad der Entfremdung des Befehlshabers von seinen Truppen, zum anderen, dass umgekehrt die Menge Lukullus' Person, sobald er nicht als Feldherr erhöht oder vor dem Heer steht, vollkommen als gleiches Teilchen absorbiert. Seine Identität selbst und die damit verbundene individuelle Position sind dahin. Auch eine dem entgegengesetzte Entwicklung ist zu erkennen: Bisher waren für ihn seine Soldaten als einzelne gesichtslos, und nun nimmt er zum ersten Mal ihre individuellen Züge – und zwar scharf konturiert - wahr: „Da war ein Langer mit schiefem Kinn darunter [...]" (BFA 19, S. 427, Z. 34–35). Als

Feldherr ist Lukullus überflüssig, da die Soldaten selbständig und gemeinschaftlich das Nächstliegende und Selbstverständliche tun. Er selbst jedoch versucht, auch in der neuen Situation ganz befehlsgewohnter Feldherr zu bleiben und bedenkt, dass am Damm „[...] Organisation nötig sei", dass „[...] die Arbeiten nicht ordentlich angeordnet werden [...] könnten (BFA 19, S. 428, Z. 7–10). Ausgehend auch von der – extratextuellen – Kenntnis der eindeutig geklärten Kommandoverhältnisse innerhalb des römischen Heeres erscheint die Tat der Soldaten um so erstaunlicher. Sie richtet sich sowohl gegen die unmittelbare Befehlsgewalt einerseits als auch gegen die alles bestimmende ‚Ordnung' andererseits, zu der Lukullus zurückzukehren sucht. Die Kategorie der Ordnung greift Brecht häufig auf und zwar bereits in der auch in der Kurzgeschichte minutiös organisierten Struktur des Erzählten, aber auch inhaltlich, und hier wird stets die Unterhöhlung der Ordnung positiv, zumeist lebensrettend bewertet.

Der Wille und das Ziel seiner Soldaten ergreifen Besitz von Lukullus, absorbieren ihn und integrieren ihn. Denn er denkt sowohl an die Rettung des Gehöfts als auch sogar einen Schritt weiter an „[...] die Felder mit dem halbhohen Korn [...]". „Sie sehen", bemerkt er zu Lukrez, „ich war schon völlig von den Empfindungen aller angesteckt" (BFA 19, S. 428, Z. 12–14). Pragmatisch nutzen die Soldaten ihr Kriegswerkzeug zum Aufstocken des Damms. Die Rollen werden vertauscht, die Ordnung neu bestimmt, indem Lukullus „[...] nach der Anweisung eines Centurio [...]" beim Graben hilft, nachdem er einen „[...] Spaten [...]" bekommen hat (BFA 19, S. 428, Z. 22–23). Sehr detailgetreu zeigt sich das Erzählen Brechts hier in einigen Einzelheiten wie beispielsweise der Poliorketik; unter anderem denkt Lukullus, als sich herausstellt, dass seine Soldaten versiert im Umgang mit eingestürzten Dämmen sind und überdies einer von ihnen von seiner Heimat Picenum erzählt: „Natürlich [...] die meisten waren Bauernsöhne" (BFA 19, S. 428, Z. 24–25). Sie retten hier landwirtschaftlich genutztes Gelände, mit dessen Funktion sie prinzipiell vertraut sind, anstatt es zu erobern und sichern so seinen Ertrag als Nahrungsgrundlagen. Der hier zu erobernde und letztlich gerettete agrarische Raum steht im Gegensatz zu den luxuriösen Gärten des Lukullus, die ohne weiteren elementaren Nutzen sind – diese sind am Rande auch Thema im Radiostück.

Als Lukullus seine Befürchtung ausspricht, das mithridatische Heer könne die Gelegenheit zum Angriff nutzen, weiß der Soldat neben ihm es besser. Lukullus sieht, dass die feindlichen Truppen gemeinsam mit seinen eigenen an der Erhaltung des Dammes arbeiten. Verständigungsprobleme werden durch Zeichen überwunden. Angesichts der drohenden Katastrophe steht, dem gesunden Menschenverstand und der Vernunft entsprechend, die nur durch den Einsatz als Gruppe zu erreichende Erhaltung des Lebens und der Nahrung im Vordergrund unabhängig der Zugehörigkeit zu einem Heer. Die Katastrophe selbst, oder der Zufall, oder die falsch und gleichzeitig richtig verstandene Hand der Götter verhindert eine Schlacht und somit den Verlust von Menschenleben und größere Verwüstungen.

Schauen wir uns diese Textstelle nochmals auf andere Weise an. Wie kann die Narration die von mir konstatierte Spannung erreichen?

In die extradiegetisch, also von einem Erzähler außerhalb der Geschichte selbst vermittelte Rahmenhandlung des Lukrezschen Besuches bei Lukullus, die wesentlich aus einem Dialog oder Gespräch der beiden Protagonisten besteht, ist die längere Erzählung in Form eines Berichts des Lukullus integriert; der Inhalt des Berichts verhält sich zum Inhalt der eigentlichen Handlung vorzeitig. Lukullus berichtet (sich) erinnernd und macht somit die Erinnerung erstens zur Handlung und zweitens zum Thema. Der Ort divergiert vom Handlungsort der Rahmenhandlung, greift aber den zweiten Schauplatz, der in der Exposition der Geschichte angelegt ist auf: ‚Asien'. Der Bericht aus der Erinnerung macht das Erinnerte innerhalb der Erzählung sowohl zeitlich als auch räumlich präsent, er synchronisiert Bericht und Berichtetes. Im konkreten Fall trägt er den Asienkrieg bis in Lukullus' Villa und Gärten; somit wird auf narrativer Schauplatzebene über den Erzählvorgang versucht zu zeigen, dass der Krieg kein auf den unmittelbaren Schauplatz beschränktes, rein militärisches Phänomen ist. Innerhalb dieser intradiegetischen analeptischen, also aus einer Position innerhalb der Erzählung erzählten, Vergangenes berichtenden ‚Erzählung in der Erzählung' findet sich nochmals eine ‚Erzählung in der Erzählung [und somit:] in der Erzählung', nämlich der Traum des Lukullus, welcher dann als „erzähltes erzähltes Erzählen" bezeichnet werden kann. Im Hinblick auf die ‚Binnenerzählung', bestehend aus dem Kampieren am Fluss Halys, der Insubordination der Truppen usw., steht der Traum des Feldherrn in einem Verhältnis der Gleichzeitigkeit, somit ebenfalls in einem vorzeitigen Verhältnis zur Rahmenhandlung. Innerhalb der Binnenerzählung des Traums finden sich einige kleine Analepsen bzw. zeitliche Rückgriffe, zum einen das Gespräch des Lukullus mit den Priestern, damit die Götter sich geneigt zeigen, welches er berichtet (vgl. BFA 19, S. 426, Z. 20–21), sowie die Tatsache, dass schon einige seiner Soldaten der Bauernfamilie zu Hilfe gekommen waren, bevor überhaupt ein Befehl erteilt wird (vgl. BFA 19, S. 427, Z. 19).

Beide an sich homo- bzw. autodiegetisch, also von einer beteiligten Figur, Lukullus, erzählten intermittenten Binnenerzählungen enden, als Lukullus aufhört, von seinem Traum zu erzählen, ohne dass der Rezipient erfährt, ob der Traum an dieser Stelle zu Ende war oder nicht und ohne dass der Rezipient weiterhin erfährt, wie das eigentliche Geschehen am Fluss Halys weiterging – also im wesentlichen offen, der außerhalb der Handlung sich befindende Erzähler der Rahmenhandlung schildert nur abbrechend: „Der alte Feldherr hielt in seiner Erzählung inne." (BFA 19, S. 428, Z. 35). Mit der Rückkehr in den ursprünglichen Erzählmodus einher geht also auch eine Rückkehr an den ursprünglichen Schauplatz der Handlung, Lukullus' Palast in Rom, nachdem das durch Lukullus Berichtete am Kriegsschauplatz in Asien, genauer lokalisiert am Fluss Halys, stattgefunden hat. Durch das Einfügen der Handlungsteile auf unterschiedlichen Ebenen wird, infolge gleichzeitigen Perspektivenwechsels von der Er-Erzählung zur Ich-Erzählung mit limitierter Perspektive, erreicht, dass zum einen eine Außenschau auf Lukullus und die Ereignisse der Zeit stattfindet – auch unter Einbezug dessen, was der Rezipient eventuell über den ‚historisch-historiographischen' Lucullus weiß; diese erhält so einen gewissen Grad an Authentizität. Zum anderen machen aber die Binnenerzählung und der Traum eine – wenn auch trotz der Ich-Form relativ neutral bleibende – ‚Innenschau' des Feldherrn möglich und rechtfertigen gleichzeitig hierzu auf erzähltechnischem Wege die Irrealität und Idealität der im Traum geschilderten Geschehnisabläufe und markieren diese – noch – als Fiktion.[2] Im Hinblick auf die hier inhaltliche Kategorie der Zeit wird durch die Verlagerung des Geschehens in einen Traum, durch dessen Konstruktion durch den Protagonisten beider Handlungen Vergangenes berichtet wird, ein distanziertes Verhältnis[3] geschaffen; dieses wiederum tritt in Konflikt mit dem suggestiven, detailreichen Erzählen aus der Erinnerung. Die Veränderung der Perspektive erfährt mit anderen Mitteln innerhalb des Traumes nochmals eine Steigerung, indem die Figur Lukullus als Protagonist schildert, wie seine Soldaten ihn innerhalb seines Traumes wahrnehmen beziehungsweise ihn nicht erkennen. Hierbei ist unter narratologischen Gesichtspunkten die simultane, jedoch mehrfach gebrochene unterschiedliche Bewertung gesehenen Geschehens, wie bereits erwähnt, herausragend, die aufgrund konfligierender Perspektiven zustande kommt und dadurch, dass eine einzelne Figur den Konflikt wiedergibt, sowohl inhaltlich als auch narrativ zum Thema des Erzählens

---

2   Vgl. Monika Fludernik, *Einführung in die Erzähltheorie*. Darmstadt 2006, S. 71.

3   Vgl. Gérard Genette, *Die Erzählung*. 2. Aufl. München 1998, S. 120.

selbst wird. Der intratextuelle Wissensvorsprung der Soldaten vor der beobachtenden und berichtenden Figur konvergiert mit dem extratextuellen des Lesepublikums; der Kulminations- und Wendepunkt erhält außerordentliche Spannung, die allein durch die Technik der Erzählung, in der die in Richtung und Geschwindigkeit auseinanderklaffenden Gedanken und Handlungen von Feldherr und Truppen gleichzeitig, aber allein aus dem Blickwinkel des Feldherrn wiedergegeben werden; dabei muss letztendlich ungeklärt bleiben, und auch darin liegt ein besonderer Reiz des Erzählten, von welcher Position aus gesehen wird. Ist das, was Lukullus schildert, von absolut außen betrachtet oder von einer Position in unmittelbarer Nähe oder in der Lukullusfigur selbst?

Lukullus scheitert hier also zuerst im Versuch, die Zukunft mithilfe bereits feststehender Orakelauslegung zu bestimmen. Im Weiteren scheitert er erneut an ähnlicher Absicht: Er versucht selbst, die Naturgewalt – als Hand der Götter bezeichnet – in seinem Sinne zu deuten. Doch die Soldaten agieren gewissermaßen zeichentheoretisch erfahren beziehungsweise alternativ. Auch sie interpretieren das Ansteigen des Wassers und Brechen des Walls, aber gemäß ihrer Herkunft und Sozialisation als unmittelbare Bedrohung bäuerlicher Existenz.

Die Verwendung des narrativen Kunstgriffs des Traums – im übrigen nicht nur an dieser Stelle in Brechts Werk eingesetzt – also die Verlegung aus der Sphäre des unmittelbar Realen, verweist auf eine der kulturgeschichtlich ältesten Formen der Divination überhaupt, der Deutung von Träumen als Versuch des Ablesens von Äußerungen göttlichen Willens. Dies geschieht nicht ohne metatextuelle Überlegungen der Protagonisten. Die vorläufig abschließende, bewertende Reflexion des Traumes durch den Dichter und den Feldherrn bleibt ambivalent, dadurch aber differenziert deutbar. Lukullus beantwortet Lukrez' Kommentar: „Ein schöner Traum" scheinbar unsicher mit „Ja. Wie? Nein." (BFA 19, S. 428, Z. 38–39). Der ehemalige Feldherr zeigt Zweifel, indem er die Untergrabung seiner Autorität als Zeichen „[...] einer großen Schwäche" (BFA 19, S. 429, Z. 3) deutet und konstatiert, dass „[...] die Autorität etwas sehr Unsicheres ist", worauf Lukrez einschränkend konkretisiert: „Im Traum" und Lukullus – auch hier mindestens zweideutig zu lesen – entgegnet: „Richtig. Immerhin ..." (BFA 19, S. 429, 9)

Die inhaltliche Begründung für Lukullus' Binnenerzählung oder Traumbericht liegt nun schon ein Stück zurück im Text, daher erinnere ich daran, dass er damit die Notwendigkeit von Religion unter Beweis stellen wollte. Unter dem Gesichtspunkt der narrativen Logik erscheint dies misslungen zu sein, und zwar nicht im Sinne, dass Lukrez' erneut Grund zum Widerspruch hat, sondern eher im Hinblick auf die Tatsache, dass sich während der Erzählung selbst aus der Binnenerzählung heraus auch das Thema der Rahmenhandlung verändert hat.

Dies lässt uns übergehen zu einem kurzen Kapitel, das sich mit dem Schicksal des Nachruhms beschäftigt.

IV. Schicksal des Nachruhms

Obwohl das komplexe narrative Zeitensystem bereits Thema war und auch über das räumliche Koordinatensystem bereits einige Worte verloren wurden, möchte ich beide mit Blick auf den zweiten thematischen Schwerpunkt nochmals aufrufen. Dazu setze ich am Ende der Erzählung ein. Der Dichter Lukrez äußert sich in der Art eines Orakels über das, an was sich die Menschheit unter Lukullus' Namen oder ohne diesen erinnern wird. Nachdem aus der Warte der Erzählung bereits weite Teile der grammatikalisch zur Verfügung stehenden Zeitenfolge abgedeckt sind, kreiert er innerhalb der Erzählung Zukunft, indem er an dieser Stelle mit den Erzählzeiten Futur I und Futur II über das Gegenwartsgeschehen der Narration hinausreicht. Ähnlich verfährt er mit dem Raum. Aus den Gärten der Lukullus'schen Villa hinausweisend, dem Anwesen, das zuvor in die räumliche Dichotomie Rom – Asien, Haus des Lukullus – Gehöft der Bauernfamilie eingebunden war, zeigt er nun in einen endlosen Raum, wenn er dem Lukullus prophezeit:

„Aber der Kirschbaum: einige werden es vielleicht doch noch wissen, daß du ihn gebracht hast. Und wenn nicht, wenn alle Trophäen aller Eroberer zu Staub zerfallen sein werden, wird diese schönste deiner Trophäen im Frühjahr als die eines unbekannten Eroberers noch immer im Wind auf den Hügeln flattern, Lukullus!" (BFA 19, S. 433, Z. 27–32)

Im Unterschied zu den zuvor bestellten Weissagungen durch die Priester vor der Schlacht, die jeweils nur auf das unmittelbar folgende die Zustimmung der Götter einholen, ist die von Lukrez geäußerte Vorausdeutung nicht mehr innerhalb der Sphäre des Textes, sondern jedes Mal neu in der jeweiligen Rezeptionsgegenwart zu überprüfen. Der Weg bis zu dieser Textstelle muss allerdings noch von uns gegangen werden. Nach dem abrupten Ende der Traumerzählung, die ebenfalls als eine Art Orakel gelesen werden kann, mündet die Geschichte in einen szenisch erzählten Dialog, von dem insbesondere die Diskursivierung der Memoria von Wichtigkeit in unserem Zusammenhang scheint. Ohne es wirklich unmittelbar eingestehen zu wollen, vermittelt Lukullus seine Angst, dass nach seinem Tod er allgemeiner Vergessenheit anheimfalle; die Rezitation der berühmtesten, somit in die Geschichte montierten Verse aus dem Lehrgedicht des Lukrez schafft dem keine Abhilfe; Lukrez sucht recht lustlos nach irgendeinem Sachverhalt, an den sich die Menschheit unter dem Namen des alternden Feldherrn erinnern wird und kommt schließlich darauf, dass dieser die Kirsche aus Asien mitgebracht hat. Allerdings trennt er im nächsten Schritt bereits den Kirschbaum von der Überlieferung und löst damit gerade die Leistung vom Namen des Lukullus selbst.

Ich darf an den bislang etwas vernachlässigten unmittelbaren Entstehungskontext der Kurzgeschichte, sowie insbesondere auch des Hörspiels erinnern, mit dessen Abfassung Brecht auf den Beginn des Zweiten Weltkriegs schließlich unmittelbar reagiert und das tatsächlich während des Krieges ausgestrahlt wird. In beiden Werken überholt er meines Erachtens durch das Hinausweisen in die Zukunft, das er durch erzähltechnische Mittel erreicht, die Zeitgeschichte und greift ihrem Ende vor. Im *Verhör des Lukullus* durch ein Gericht, das aus der Perspektive der Nachwelt urteilt und nach dem Nutzen der Leistungen des Einzelnen fragt, in *Die Trophäen des Lukullus* zum einen in der Traumerzählung unmittelbar durch die Handlungsweisen der Soldaten und durch den Erzählschluss, der eine vom Protagonisten unabhängige Zukunft in Aussicht stellt.

Die erzähltechnischen Komponenten verweisen das jeweilige Publikum auf die zu erbringende Eigenleistung im Rezeptionsvorgang und erreichen permanent neue Kontextualisierungsmöglichkeiten.

V. Überlieferung als Zufall?

„Pro captu lectoris habent sua fata libelli" lautet die Terentianus aus Mauretanien (2./3. Jahrhundert u. Z.) zugeschriebene Aussage, die stets um ihren ersten Teil vermindert zitiert wird. Meint sie in ihrer Gesamtheit noch, dass das eigentliche Schicksal von Texten im Kopf des Lesers gemacht wird und ordnet sie somit ganz im Brechtschen Sinne die Verwendung von Texten dem Rezipienten zu, wird sie für *Die*

Trophäen des Lukullus doch auch im verkürzten Sinn relevant: habent sua fata libelli – [also:] [auch] Bücher haben ihre Schicksale. Und auf der Ebene des Materials scheint, dass Brecht über einen der Wege, die für Autoren gangbar sind, mit dem Inhalt des Textes und einem seiner Metatexte, der Überlieferung, arbeitet oder spielt. Wie erwähnt, wurden *Die Trophäen des Lukullus* zu Brechts Lebzeiten nicht veröffentlicht. Und innerhalb dieser unveröffentlichten Erzählung wird die Information übermittelt, dass Lukullus der Importeur des Kirschbaums nach Europa ist. Bei Nichtveröffentlichung bleibt diese wenig bekannte beziehungsweise nahezu unbekannte Tatsache ein Arkanum, die Information selbst also in der Hand des Dichters, dieser immer die Autorität über den Text. Immerhin attestiert innerhalb der Kurzgeschichte der ehemalige Feldherr dem Dichter Lukrez professionelle Qualität ostentativ und plakativ im die gesamte Berufsgruppe denotierenden Plural „Ihr wißt gut Bescheid, ihr Verseschreiber" (BFA 6, S. 432, Z. 37). Die Überlieferung wird somit zumindest an dieser Stelle dem Zufall enthoben, ist dem Verfasser vorbehalten.

Mit dem Hinweis auf ein Kuriosum, das sich in diese metatextuelle Ebene des Zitierens und Referentialisierens einfügt, möchte ich schließen. Der Artikel über den Feldherrn Lucius Licinius Lucullus im *Neuen Pauly*, der *Enzyklopädie der Antike*, enthält als Abschluss immerhin den Hinweis, dass sich „[i]n der mod[ernen] Lit[teratur] v[or] a[allem] B[ertolt] Brecht des Lucullus-Stoffes [...]"[4] annahm.

Bibliographie

Bleicken, Jürgen, *Die Verfassung der Römischen Republik. Grundlagen und Entwicklung.* 7., völlig überarb. u. erw. Aufl. Paderborn u. a. 1995.

Brecht, Bertolt, *Werke. Große kommentierte Berliner und Frankfurter Ausgabe.* Hg. von Werner Hecht, Jan Knopf, Werner Mittenzwei, Klaus-Detlef Müller. Berlin, Frankfurt a. M. 30 Bände. 1988–2000.

Fludernik, Monika, *Einführung in die Erzähltheorie.* Darmstadt 2006.

Genette, Gérard, *Die Erzählung.* 2. Aufl. München 1998.

Hecht, Werner, *Brecht-Chronik 1898-1956.* Darmstadt 1997.

Knopf, Jan u. a.: (Hg.), *Brecht Handbuch Bd 3: Prosa Filme Drehbücher.* Stuttgart u. a. 2002.

---

4   Art. „Licinius [I 26] L. Lucullus, L." In: *Der Neue Pauly (DNP). Enzyklopädie der Antike.* Altertum. Bd. 7 Lef–Men. Stuttgart 1999. Sp. 166–168, Sp. 168.

Jolles, André, *Einfache Formen. Legende, Sage, Mythe, Rätsel, Spruch, Kasus, Memorabile, Märchen, Witz*. 4., unveränd. Aufl. Darmstadt 1968.

Der Neue Pauly (DNP). Enzyklopädie der Antike. Hrsg. von Hubert Cancik u.a. Stuttgart, Weimar 1996–2003.

Putzger Atlas und Chronik zur Weltgeschichte. Berlin 2002.

Ricœur, Paul, „Die erzählte Zeit" (1984). In: ders.: *Vom Text zur Person. Hermeneutische Aufsätze 1970–1999*. Hamburg 2005. S. 183–207.

Rüpke, Jörg, *Die Religion der Römer: eine Einführung*. 2., überarb. Aufl. München 2006.

Fiktion und Interaktion

Spiele in der Gegenwartsliteratur

Andreas Böhn (Karlsruhe)

I. Literatur und Spiel

Wir kennen fiktionale Literatur und Spiel als zwar verwandte, aber deutlich unterschiedene kulturelle Praktiken. Die Differenz zwischen Spiel und Literatur scheint klar und eindeutig zu sein, obwohl es auch viele Gemeinsamkeiten zwischen beiden gibt. Spiele und Fiktionen sind Weltmodelle und damit auch immer Gesellschaftsmodelle, wie reduziert diese Modelle im Einzelnen gerade bei manchen Spielen auch sein mögen. Als Modelle der Welt müssen sie sich von der Welt, deren Bestandteil sie zugleich sind, abgrenzen, um ihre Eigenarten zur Geltung zu bringen und ihre spezifischen Funktionen erfüllen zu können. Die Grenze zwischen Spiel und Nicht-Spiel, zwischen Fiktion und Nicht-Fiktion ist eine konstitutive, aber auch – oder gerade deshalb – eine heikle, die zur Überschreitung oder zumindest zur scheinbaren Überschreitung, zur Verwischung und In-Frage-Stellung einlädt und daher selbst häufig Gegenstand von Erfindung und Spiel wird. Diesen auf wie auch immer problematische Art abgegrenzten künstlichen Welten von Fiktion und Spiel stehen wir nun aber im Fall der Fiktion als Betrachter und Interpreten gegenüber, während wir beim Spiel als Akteure an ihrem Zustandekommen beteiligt sind.

Mit dieser Aussage soll keineswegs die produktive Rolle der Rezipienten von Fiktionen negiert werden. Doch bezieht sich diese Produktivität etwa beim Lesen eines Romans auf mehr oder weniger gezielt eingesetzte Leerstellen in einem komplexen festgelegten Ablauf, der eine Ganzheit bildet, die in ihren einzelnen Elementen immer auf das Verhältnis ihres Anfangs zu ihrem vorbestimmten Ende bezogen bleibt. Bei einem Spiel hingegen sind nur die Ausgangssituation und das Regelinventar festgelegt, Verlauf und Ergebnis sind offen und von den Aktivitäten der Spieler abhängig. Ein Spiel, das nicht gespielt wird, ist eigentlich nur eine Spielanordnung, aus der sich durch das Spielen eine Vielzahl von konkreten Verläufen ergeben kann. Ein Roman, der nicht gelesen wird, ist zumindest schon ein Verlaufsschema, auch wenn dieses lesend mit unterschiedlichen Einfärbungen konkretisiert werden kann. Noch einfacher gesagt: Wenn ich anfange einen Roman zu lesen stehen der Fortgang und das Ende der erzählten Geschichte schon fest; wenn ich anfange ein Spiel wie Schach oder Fußball zu spielen sind der Verlauf und das Ende des Spiels offen.

Der Unterschied zwischen Fiktion und Spiel lässt sich mit dem Begriff ‚Interaktivität' fassen, der ja zu den auch im allgemeinen öffentlichen Diskurs über die neuen Medien am häufigsten gebrauchten Schlagworten gehört. Im Zuge dieser inflationären Begriffsverwendung wird häufig schon die Auswahl aus mehreren, allerdings eng begrenzten und genau vorgegebenen Alternativen als ‚Interaktivität' bezeichnet. In diesem Sinne ist jeder Fahrkartenautomat ‚interaktiv'. Hier soll ‚Interaktivität' enger verstanden werden als Eigenschaft von Anordnungen, die mir als Nutzer oder Spieler zwar Vorgaben machen, mich zugleich jedoch einladen, einen Prozess zu initiieren, dessen Verlauf und Ergebnis offen ist. Spiele sind in diesem eingeschränkten Sinne also interaktiv, literarische Werke nicht.

Literatur gestaltet die in ihr entworfenen Weltmodelle als Fiktionen im Vergleich mit Spielen vergleichsweise breit aus, Spiele hingegen setzen stärker auf die ihnen eigentümliche Interaktivität als Attraktion. Umso interessanter erscheint es vor diesem Hintergrund, nach dem Verhältnis von Literatur und Spiel in literarischen Texten zu fragen, die sich dem Spiel in besonderer Weise zuwenden. Nach der Erläuterung der beiden Weisen, in denen dies grundsätzlich geschehen kann (Thematisierung von Spiel in der Literatur und Gestaltung von Literatur als Spiel), soll diese Frage an Beispielen aus der Gegenwartsliteratur untersucht werden, da sie sich vor der Folie der gegenwärtigen Interaktivitäts-Mode in besonders virulenter Weise stellt.

Auch in der Tradition poetologischer Selbstreflexion der Literatur gibt es eine ganze Reihe von Überlegungen zum Verhältnis von Fiktion und Interaktion, Literatur und Spiel, die Stefan Matuschek bis etwa 1800 nachgezeichnet hat. In der deutschen Kultur am prominentesten ist sicher Friedrich Schiller mit seiner in den *Briefen über die ästhetische Erziehung* entfalteten Konzeption. Er entwirft zunächst eine Anthropologie, die das Spiel in sehr stark verallgemeinerter Form als Inbegriff freier menschlicher Tätigkeit auffasst, und lässt diese in eine Ästhetik münden, die Kunst und insbesondere Literatur als höchste Form des Spiels versteht. Dies wird in die berühmte Formel gefasst: „der Mensch spielt nur, wo er in voller Bedeutung des Wortes Mensch ist, und er ist nur da ganz Mensch, wo er spielt." (15. Brief) Damit setzt er sich jedoch über die hier eingeführten Differenzierungen gerade hinweg, weswegen uns die Schiller'sche Konzeption bei unseren folgenden Betrachtungen zunächst wenig hilfreich sein kann.

II. Spiel(e) in der Literatur

Literarische Werke als objektivierte Fiktionen können nun, so wie sie grundsätzlich alles in der Welt Vorkommende (und noch Anderes darüber hinaus) darstellen und zum Thema machen können, auch vom Spiel bzw. von konkreten Spielen handeln. Dies tut etwa Dostojewskis Roman *Der Spieler* aus dem Jahr 1866. Er erzählt von einem jungen Mann, der einer Gruppe von Russen angehört, die sich in einer deutschen Kurstadt dem Spiel hingeben. Auch der Protagonist wird nach und nach vom Spiel völlig eingenommen. Die Totalisierung des Spiels in der Spielsucht, die Überlagerung des ganzen Lebens durch das Spiel ist das eigentliche Thema des Romans. Während Spiele außerhalb der Literatur Sonderrealitäten konstituieren und gerade durch ihre Differenz zum ‚normalen' Leben gekennzeichnet sind, zeichnet sich hier also eine Tendenz ab, das Spiel zu einem allem Anderen zugrunde liegenden Prinzip zu erheben, ihm ein Schlüsselrolle zuzuschreiben. Ist man einmal so weit gegangen, so liegt es nahe, das Spiel auch als ästhetisches Prinzip aufzufassen und daraus die Maxime abzuleiten, Literatur solle Spiel sein. Doch wie kann sie das, wenn man die Forderung ernst nimmt und die Unterschiede zwischen Fiktion und Interaktion nicht vorschnell einebnet bzw. sich in den luftigen Höhen der Abstraktion verlieren lässt?

III. Literatur als Spiel

Die Produktion von Literatur kann zweifellos als Spiel mit vorgefundenem Material aufgefasst und mit Einpersonenspielen wie Patiencenlegen verglichen werden. Den Spielregeln analog sind etwa Gattungsregeln. Ein Sonett schreiben heißt sich freiwillig den strengen Regeln dieser lyrischen Form zu unterwerfen und den Raum der Möglichkeiten, den diese konstituieren, auszuloten. Inwiefern kann nun aber auch das Rezipieren von Literatur ein Spiel sein? In einem sehr weiten Sinne, der hier aber nicht zugrunde gelegt werden soll, sicherlich insofern, als beim Lesen von Literatur die in dieser gegebenen Leerstellen kreativ gefüllt werden müssen. Literatur kann jedoch durchaus auch in einem engeren Sinne interaktiv angelegt sein, wenn Produktion und Rezeption im Sinne eines schrittweisen gemeinsamen Vorgehens ineinander verschränkt sind. Dies ist bei Schreibexperimenten der Fall, in denen eine Person eine Vorgabe macht, eine zweite diese zunächst lesend zur Kenntnis nimmt und dann schreibend und fortführend darauf reagiert, sodann den entstandenen Text an die erste Person zurück- oder an eine dritte weitergibt, die den Prozess weitertreibt etc. Anscheinend ist das Sonett als eine vergleichbare Art des Gesellschaftsspiels am Hof Friedrichs II. in Palermo entstanden, und Eduard Mörikes unvollendetes Sonett *Zwei dichterischen Schwestern (von ihrem Oheim)* greift auf diese Praxis zurück. Verfügt man über die Konstruktionsregel des Sonetts, insbesondere das anzuwendende Reimschema, so kann man die Endungen der Verse mit etwas Überlegen spielerisch ergänzen. Allerdings ist hier die Vorgabe des Autors so bestimmend, dass man kaum mehr als *eine* Lösung für die gestellte Aufgabe finden wird. Bei zunehmender Komplexität und/oder schwächerer Ausgestaltung der Vorgabe kann sich jedoch ein vielfältigere Möglichkeiten bietendes Spiel für Leser entfalten.

IV. Beispiele

IV.1 Paul Auster: *The Music of Chance* (1990)

Jim Nashe, von seiner Frau verlassen und von seiner kleinen Tochter getrennt, fährt schon seit einiger Zeit ziellos durch die Vereinigten Staaten, als er den jungen Spieler Jack Pozzi trifft und sich mit ihm anfreundet. Die beiden lernen die schrulligen älteren Junggesellen Flowers und Stone kennen, die durch einen Lotteriegewinn reich geworden sind und seltsamen Hobbies frönen, wie etwa der Anfertigung eines riesigen Modells einer universellen Stadt („the City of the World"; 1990: 71), das Elemente der Biographie der beiden aufnimmt und auf den ersten Blick idyllisch wirkt, auf den zweiten aber beängstigende und totalitäre Züge aufweist. Nashe und Pozzi fassen den Plan, die beiden Millionäre beim Poker auszunehmen, was zunächst auch zu gelingen scheint. Doch als Nashe während des Spiels eine Pause einlegt, nun alleine das Modell der Stadt betrachtet und sich nicht zurückhalten kann, die Flowers und Stone im Moment des Lotteriegewinns darstellenden Miniaturfiguren an sich zu nehmen, beginnt Pozzi unterdessen zu verlieren, was im völligen Ruin der beiden endet. Sie gehen mit Schulden aus dem Spiel, die sie abarbeiten müssen, indem sie mit zehntausend großen Steinen, die von einer zerstörten irischen Burg stammen, eine riesige und völlig nutzlose Mauer errichten. Im Zusammenhang mit dieser Zwangsarbeit kommt Pozzi unter ungeklärten Umständen ums Leben. Als Nashe die Gelegenheit erhält, das Auto, das ihm gehörte und das er ebenfalls beim Poker verloren hatte, zu steuern, fährt er es an einen Laternenmast und bringt sich dadurch um.

In dem Roman kommen also zwei Glücksspiele vor, Lotterie und Poker, die mit entscheidenden Wendepunkten der Handlung verbunden sind. Außerdem ist Spiel mit den Aspekten Zufall und Ordnung auf komplexe Weise verbunden. Für den orientierungslosen und sich dem Zufall hingebenden Nashe ergibt sich aus der Begegnung mit dem Spieler Pozzi und den Lotteriegewinnern Flowers und Stone der Plan, durch die Pokerpartie reich zu werden. Dieses Ziel gibt seinem Leben plötzlich wieder Ordnung und Orientierung, sein Erreichen hängt aber davon ab, dass sich das Spiel und die Gegner beherrschen lassen. Im Gefühl, dass dies gelungen ist, betrachtet er die Modellstadt, Sinnbild einer totalitären und zugleich brüchigen Ordnung, und bringt sie durch den Raub in Unordnung, also durch einen Akt, der zugleich seine Kontrolle über die beiden Millionäre symbolisiert, welche sich jedoch zeitgleich als illusionär herausstellt. Auf das solcherart in extremer Form zum allein sinnstiftenden Moment des Lebens gesteigerte Spiel folgt die völlig sinnlose Arbeit, aus der es nur noch einen Ausweg gibt, den Tod.

Trotz der zentralen Rolle, die das Spiel in diesem Text hat, bleibt es auf der thematischen Ebene. Die Leser werden nicht in die im Text beschriebenen Spiele einbezogen, sie verharren auf der Ebene von Betrachtern und Interpreten, die das Beobachtete in eine Gesamtdeutung des Romans zu integrieren versuchen. Ähnlich verhält es sich beispielsweise auch in einem neueren Buch von Ingo Schulze über die deutsche Vereinigung, *Neue Leben* (2005). In diesem verkehrten Künstlerroman, der von der Kunst in die Wirtschaft führt statt umgekehrt, hält eine ebenso verkehrte Mephisto-Figur den in die Fußstapfen Fausts tretenden Protagonisten zum Roulette-Spiel an, wobei es sich um eine therapeutische Maßnahme zur Einübung des Umgangs mit Risiko und unverhofftem Gewinn wie Verlust handelt, die wiederum dessen Tauglichkeit für Kapitalismus und Marktwirtschaft erhöhen soll. Hier ist Spiel also ebenfalls mit dem Antagonismus von Zufall und Ordnung gekoppelt, nur mit umgekehrten Vorzeichen. Dies und auch die Thematisierung des Ost-West-Gegensatzes verbindet Schulzes Werk mit unserem nächsten Beispiel.

IV.2 Christoph Hein: *Das Napoleonspiel* (1993)

Der Roman besteht zum größten Teil aus einem fiktiven Brief, in dem der Protagonist, der wegen Mordes in Untersuchungshaft sitzt, seinem Verteidiger die eigene Lebensgeschichte erzählt. Als Vertriebener zunächst in die DDR und dann nach Westdeutschland gekommen, macht er aufgrund seiner Intelligenz rasch Karriere als Jurist und kommt zu erheblichem Wohlstand. Gelangweilt von seinem Leben und unfähig zu tieferen menschlichen Bindungen kann er sich nur durch das Spiel motivieren. Er spielt besessen Billard, aber darüber hinaus versucht er sein Leben insgesamt wie ein Spiel zu gestalten. Das heißt für ihn, nichts ernst zu nehmen, sich nicht emotional zu involvieren und das Risiko zu suchen, um die eigene Fähigkeit zu dessen Beherrschung zu erproben – ein sehr männlich geprägtes Konzept von Souveränität, das sich auch in seinen rudimentären Beziehungen zu Frauen wieder findet. Die Logik der ständigen Steigerung des Reizes führt ihn schließlich zum Mord an einem ihm völlig fremden Menschen vor aller Augen, den er so ausführt, dass er trotz allem dafür nicht verurteilt werden kann.

Auf den letzten zehn Seiten des Textes folgt ein zweiter Brief an den Verteidiger, in dem der Protagonist nicht nur ankündigt, sein Spiel in noch kühnerer und ebenso amoralischer Weise fortsetzen zu wollen, sondern auch darauf hinweist, dass er den ersten Brief mit kleinen Veränderungen von Namen und Daten, die eine Zuordnung zu seiner Person unmöglich machen sollen, von einem Schriftsteller veröffentlichen lassen will:

„Ich entschloß mich daher, den Brief, nachdem ich die verräterischen Details ausgetauscht habe, einem Schriftsteller zu geben, der das Ganze unter seinem Namen herausbringen soll. Er bekommt das Honorar, und ich vermute, ich werde unter diesen ausgehungerten Burschen leicht einen geeigneten Strohmann finden, der für Geld bereit ist, auf meine Wünsche und Bedingungen einzugehen, und überdies schweigen kann." (1993: 197)

Hat man bis zu dieser Stelle als Leser von den Spielen des Protagonisten erzählt bekommen, so sieht man sich nun selbst in ein Spiel mit der Grenze zwischen Fiktion und Nicht-Fiktion verwickelt. Ansatzweise überschreitet der Text damit die Schwelle vom Spiel in der Literatur, also der Darstellung von Spiel auf der thematischen Ebene, zur Literatur als Spiel, also der Integration von Spielelementen in das Verhältnis von Leser und Text. Denn hier wird man nicht mehr nur zu einer Deutung von Aspekten der fiktionalen Welt und ihrer literarischen Vermittlung eingeladen, sondern zu einer Ein-schätzung bezüglich des Status des vorliegenden Textes als Fiktion oder Nicht-Fiktion und damit zu einer Einschätzung bezüglich des Status der erzählten Geschehnisse als fiktiv oder real. Allerdings bleibt der Roman insgesamt bei einer sehr skeptischen Beurteilung des Spielerischen und schließt mit den folgenden Worten des Protago-nisten, die aus seiner Feder eine höchst zynische Aufnahme der berühmten Schil-ler'schen Formel und mithin eine Destruktion der darin geronnenen Spiel-Ästhetik darstellen.

„Schließlich ist der Mensch, wie schon unsere Vorväter wußten, nur wo er spielt, ganz Mensch. Ohne diese Spiele ist unser kurzes Leben doch entsetzlich langweilig." (1993: 208)

IV.3 Georges Perec: *La vie mode d'emploi* (1978)

Möchte man sich Georges Perecs Buch *Das Leben. Gebrauchsanweisung* nähern, das den Untertitel „Romans", also ,Romane' trägt, so ist zunächst eine Gebrauchsanwei-sung angebracht.[1]

Wie das Titelbild der Taschenbuchausgabe demonstriert, präsentiert sich der Text wie ein großes Mehrparteienhaus, von dem man die Fassade abgenommen hat. Man blickt in die einzelnen Wohnungen hinein und bekommt die Geschichte ihrer Be-wohner erzählt. Die Reihenfolge wird dabei durch ein ausgeklügeltes System festge-legt. Über den Plan der Wohnungen ist ein Schachbrettmuster gelegt, und die Bewe-gung des Springers im Schach bildet die Regel des Voranschreitens von Wohnung zu Wohnung. Da auf jede größere Wohnung mehrere Schachbrettquadranten entfallen, kommt der Text in der vom Rösselsprung bestimmten Abfolge der Kapitel mehrmals

---

1 Aus dieser Ausgabe (Paris 1980) wird auch im Folgenden zitiert, da es sich in Ermange-lung einer kritischen Ausgabe um die zuverlässigste Ausgabe handelt; vgl. zur Begrün-dung Rinaldo Rinaldi: *La grande catena. Studi su La vie mode d'emploi di Georges Pe-rec*. Genova, Milano 2004, S. 11, Fn. 1. Die Forschung zu Perec im Allgemeinen und zu *La vie* im Besonderen steht dem Werk an Fülle nicht nach. Um den Charakter des ur-sprünglichen Vortrags zu bewahren und da es sich weniger um einen Beitrag zur Perec-Forschung als um einen überblicksartigen thematischen Aufriss handelt, wurde hier wie auch bei den anderen Beispielen und im Text insgesamt auf Verweise auf die Forschung verzichtet.

zu ihnen zurück, so dass die Geschichten der Bewohner auf mehrere nicht unmittelbar aufeinander folgende Kapitel aufgeteilt werden. Man muss als Leser aber nicht dieser Anordnung folgen, sondern kann sich über Register auch einzelne aneinander anschließende Geschichten zusammensuchen. Man hat es also mit einem verzweigten narrativen Netz zu tun, aus dem man ganz unterschiedliche Auswahlen treffen und in dem man verschiedenste Lesewege einschlagen kann. Zu den Konstruktionsprinzipien des Textes gehört das Spannungsverhältnis zwischen Planung und Zufall, Regel und Ausnahme, Muster und Lücke. Schaut man sich das Schachbrettmuster an, so müsste man davon ausgehen, dass der Text 100 Kapitel hat. Tatsächlich hat er aber nur 99. Das fehlende Kapitel ist das 66. in der Reihenfolge des Hunderterschemas, das sich laut Plan in der linken unteren Ecke befinden sollte.

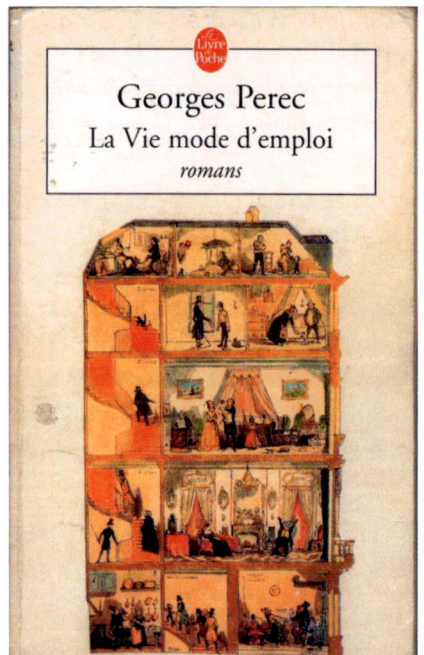

Honoré	SMAUTF	SUTTON	ORLOW-SKA	ALBIN	Morellet	Simpson	Troyan	Troquet
HUTTING						PLASSAERT		
	GRATIOLET	CRESPI	NIETO & ROGERS		Jérôme	Frussel		
						BREIDEL	VALÈNE	
Brédin-Gratiolet					Jérôme			
CINOC	Docteur DINTEVILLE				WINCKLER			
Hourcade	Gratiolet				Hébert			
RÉOL	RORSCHASH				FOULEROT			
Spéos					Échard			
BERGER	Gráfolent				MARQUISEAUX			
	Danglars		ESCALIERS		Colomb			
BARTLEBOOTH					FOUREAU			
	Appenzzell				DE BEAUMONT			
ALTAMONT								
MOREAU					LOUVET			
ENTRÉE DE SERVICE	MARCIA	ANTIQUITÉS	Clavous LOGE NOCHÈRE	HALL D'ENTRÉE	Massy MARCIA			
CAVES	CAVES	CHAUFFERIE	CAVES	MACHINERIE DE L'ASCENSEUR	CAVES	CAVES	CAVES	

Plan de l'immeuble,
les noms en italique sont ceux des anciens occupants.

G. Perec, *La Vie mode d'emploi*. Buchumschlag und Plan der Wohnungen

Das bemerkt man aber nur, wenn man sich die beschriebene Konstruktion vergegenwärtigt und den Gang der Kapitel mit dem Plan der Wohnungen und dem Schachbrettmuster vergleicht. Einen Hinweis bekommt man am Ende des 65. Kapitels, allerdings einen sehr verrätselten, der nicht unbedingt gleich auffällt. Dort ist von einer Schachtel die Rede, „une vieille boîte à biscuits en fer-blanc, carrée, sur le couvercle de laquelle on voit une petite fille mordre dans un coin de son petit-beurre." (1980: 380)

G. Perec, *La Vie mode d'emploi*. Schachbrettquadranten

Dabei denken zumindest Franzosen sofort an Butterkekse der Marke Lu, die seit ihrem Bestehen immer mit einem Keks geworben hat, auf dem die linke untere Ecke abgebissen ist. Zu allem Überfluss bedeutet ‚lu' – als Markenname entstanden als Akronym der Herstellernamens Lefèvre-Utile – im Französischen auch noch ‚gelesen', was zu dem Kalauer führt, dass das fehlende Kapitel eben weggelesen worden ist, so wie man an einem Keks eine Ecke wegisst.

Kekspakung und Werbeplakat für Lu Biscuits aus den 1930er Jahren

An diesem Beispiel lässt sich demonstrieren, welche Spiele der Text mit den Lesern treibt, indem er sie anhält, sich in seine Konstruktionsprinzipien zu vertiefen und ausgelegten Spuren zu folgen. Daneben werden jedoch auch Spiele auf der thematischen Ebene eingeführt. Das wichtigste ist das Puzzle, das ein Modell des Textes darstellt, aber auch in einer Zentral- oder Schlüsselgeschichte eine wichtige Rolle spielt. Deren Protagonist Bartlebooth ist ein reicher Erbe ohne besondere Interessen und Begabungen. Um seinem Leben einen Sinn und seinem Geld eine Verwendung zu verschaffen, fasst er folgenden Plan. Zehn Jahre lang lernt er Aquarellmalen. Zwanzig Jahre lang malt er Hafenansichten und lässt sie von dem Handwerker Gaspard Winckler zu Puzzles verarbeiten. Weitere zwanzig Jahre lang setzt er die Puzzles wieder zusammen und löst im Wasser der Häfen, in denen sie gemalt worden sind, die Farbe aus den Blättern. „Aucune trace, ainsi, ne resterait de cette opération qui aurait, pendant cinquante ans, entièrement mobilisé son auteur." (1980: 153f.)

Doch der Zufall kommt ihm in die Quere. Die Hotelketten Marvel Houses Incorporated und International Hostellerie fusionieren und gründen gemeinsam zwei Zwillingsfilialen, Marvel Houses International und Incorporated Hostellerie, die vierundzwanzig Vergnügungsparks auf der ganzen Welt planen. Charles-Albert Beyssandre, Kunstkritiker, sucht die Kunstwerke für die Kunst-am-Bau-Prozente aus und erfährt zufällig von Bartlebooths Projekt. Er hält es für das schlechthin überzeugendste und repräsentativste Kunstwerk der Gegenwart und setzt alle Mittel ein, um zu einigen der Aquarelle zu gelangen. Dadurch verzögert sich das Projekt derart, dass Bartlebooth vor seiner Vollendung über dem 439. von 500 Puzzles stirbt.

„C'est le vingt-trois juin mille neuf cent soixante-quinze et il va être huit heures du soir. Assis devant son puzzle, Bartlebooth vient de mourir. Sur le drap de la table, quelque part dans le ciel crépusculaire du quatre cent trente-neuvième puzzle, le trou noir de la seule pièce non encore posée dessine la silhouette presque parfaite d'un X. Mais la pièce que le mort tient entre ses doigts a la forme, depuis longtemps prévisible dans son ironie même, d'un W." (1980: 578)

Die Buchstaben X und W wiederum verweisen auf Spuren im Text, die erklären könnten, wie es zu diesem Ende kam, und führen den Leser damit ins Puzzle des Textes zurück. Denn der Buchstabe W deutet auf Winckler, der ja die Puzzles angefertigt hat. Zugleich wird man von diesem Buchstaben aber auch über den Text hinaus zu einem anderen, kurz zuvor erschienenen Buch Perecs geführt, *W ou le souvenir d'enfance* (1975). Darin wird zum einen die autobiographische Geschichte von Perecs Kindheit in Villard-des-Lans bei Grenoble erzählt. Dort wuchs Perec elternlos auf, nachdem er den Vater im Krieg und die Mutter, die als Jüdin wahrscheinlich von den Deutschen deportiert wurde, auf nie ganz aufgeklärte Weise verloren hatte. Zum anderen wird, alternierend mit der Autobiographie, die Geschichte eines Gaspard Winckler und einer Insel namens W erzählt. Auf dieser Insel existiert eine ideale, auf dem Sport aufbauende Gesellschaft, deren Bild sich jedoch zunehmend verdüstert. Winckler erscheint hier als *alter ego* des Autors, und W als problematische Gegenwelt zu Villard-des-Lans, als dessen fiktive Verdoppelung und Verschiebung, wie durch das Spiel mit dem Anfangsbuchstaben des Ortes verdeutlicht wird: V x 2 = W. Fügt man zu V jedoch seine Spiegelung hinzu, so erhält man den Buchstaben, den die Lücke im Puzzle bildet: V + Λ = X.

V. Schlussbetrachtung

Durch die drei ausführlicher betrachteten Beispiele zieht sich die Verknüpfung des Spiels mit dem Spannungsverhältnis zwischen Planung, Regel und Kontrolle einerseits und Zufall, Ausnahme und Kontrollverlust andererseits. Sie haben uns in der gewählten Reihenfolge von einer bloßen Thematisierung des Spiels bei Auster über ein die Lesenden einbeziehendes Spiel mit der Grenze zwischen Fiktion und Nicht-Fiktion bei Hein zur Nutzung interaktiver Elemente im engeren Sinne bei Perec geführt, vor allem aber zu einer Steigerung der mit der Lektüre verbundenen Anforderungen, was das Aufspüren der Konstruktionsprinzipien des Textes und die Fähigkeit zum Verknüpfen und Deuten der präsentierten Details betrifft. Die Lösung des X/W-Rätsels wird uns nicht im Text präsentiert, aber es wird suggeriert, sie ließe sich im Text (bzw. in weiteren Texten) finden, wenn man nur die richtigen Fäden aufgreifen und miteinander verknüpfen würde.

Nun mag die eingangs skizzierte Unterscheidung zwischen Spiel und Literatur im Feld der kulturellen Praktiken im Lichte aktueller Entwicklungen ohnehin als nur noch bedingt tragfähig erscheinen. Denn in unserer Gegenwart bekommt Literatur nicht nur Konkurrenz durch andere Medienprodukte wie Computerspiele, die ein hohes Maß an Interaktivität aufweisen, sondern sie integriert sich auf ähnlicher technologischer Basis in Form von Hypertexten und Netzliteratur auch eine interaktive Dimension im engeren Sinne. Texte wie der von Perec erscheinen vor diesem Hintergrund als Vorwegnahmen dieser Entwicklung, als Hypertexte *avant la lettre*.

Interaktivität ist aber nicht erst mit den neuen Medien aufgekommen, vielmehr könnte die Herauslösung von Fiktionen aus der sozialen Interaktion und ihre Verselbständigung als ein wenngleich lange andauerndes kulturhistorisches Zwischenspiel gesehen werden. An der Entwicklung des altgriechischen Dramas kann man beispielsweise nachvollziehen, wie aus ritueller Interaktion auf der Basis eines allen bekannten Mythos allmählich eine objektivierte Gestaltung dieses Mythos als dramatische Aufführung hervorgeht. Diese Tendenz von der interaktiven Vermittlung kultureller Bestände zur Vergegenständlichung wird insbesondere durch die Schrift begünstigt. Diese ermöglicht es, den kulturellen Objektivationen Dauerhaftigkeit und auch größere Komplexität zu verleihen. Zugleich führt sie jedoch auch zur Herausbildung von Expertenkulturen und zur Trennung von kulturellen Produzenten und Rezipienten. Die Rezipienten wirken nicht mehr mit an der Herstellung der Kulturgegenstände selbst, ihre Aktivität verlagert sich auf deren Rückbindung an und Integration in die jeweilige Situation und das Gesamtgefüge der Kultur, kurz gesagt: auf Interpretation. Zugleich ist Interpretation eine Strategie zur Bewältigung einer unerwünschten Folgelast der kulturellen Innovation, die die Schrift darstellt. Sie überspielt die Differenz, die durch die Veränderung der Kultur in der Zeit und den Fortbestand der archivierten kulturellen Objektivationen sich beständig auftut. Genau das lässt sie in der Moderne allmählich verdächtig werden.

Die Orientierung der Gegenwartsliteratur am Spiel schließt also gewissermaßen einen großen Kreis, und sie bildet zugleich die Fortführung einer lang andauernden innerliterarischen und poetologischen Reflexion. Sie überschreitet scheinbar spielerisch die Vergegenständlichung des Textes als Werk und führt dennoch zur Lust am Aufspüren seiner Konstruktionsregeln und zu seiner interpretatorischen Entschlüsselung zurück. Wenn sie sich dadurch mit der kulturellen Praktik Spiel auseinandersetzt und teilweise daran annähert, so wäre abschließend zu fragen, in welche Fertigkeiten die untersuchten literarischen Texte ihre Leserinnen und Leser denn einüben, was ja üblicherweise als Funktion von Spielen angesehen wird. Nun, sie halten uns dazu an, aus Spuren und Daten auf Regeln und Strukturen zu schließen, was Kontrolle verheißt, aber auch immer mit dem Zufall und der Ausnahme von der Regel zu rechnen, um nicht der Hybris völliger Kontrollierbarkeit zu erliegen. Sie schaffen also Systeme mit kleinen, aber entscheidenden Fehlern, und sie schulen uns darin, sowohl die Systeme als auch die Fehler zu erkennen. Um mit einem weiteren literarischen Spieler, nämlich Eugen Gomringer zu schließen: Im Falle der Literatur wäre kein Fehler im System ein Fehler im System.

Bibliographie

Auster, Paul, *The Music of Chance*. New York 1990

Hein, Christoph, *Das Napoleonspiel*. Berlin/Weimar 1993

Perec, Georges, *Das Leben. Gebrauchsanweisung*. Paris 1980

Rinaldi, Rinaldo, *La grande catena. Studi su* La vie mode d'emploi *di Georges Perec*. Genova, Milano 2004

Schulze, Ingo, *Neue Leben*. Berlin 2005

Autorenverzeichnis